油气田企业班组长培训试题集

《油气田企业班组长培训试题集》编写组 编

石油工业出版社

内 容 提 要

本书共10章，主要包括中国石油企业文化、班组长的角色认知和素质要求、班组团队建设、班组有效沟通、班组激励、班组执行力、压力管理、班组生产管理、HSE管理、石油企业常用法律法规等的理论知识试题，并给出了相应试题答案。本书可满足油气田企业班组长自测、认定和竞赛的需要。

图书在版编目（CIP）数据

油气田企业班组长培训试题集／《油气田企业班组长培训试题集》编写组编. -- 北京：石油工业出版社，2024.12. -- ISBN 978-7-5183-7260-7

Ⅰ.F407.226.6-44

中国国家版本馆 CIP 数据核字第 2024EJ8561 号

出版发行：石油工业出版社
　　　　　（北京市朝阳区安华里二区1号楼　100011）
　　　　　网　　址：www.petropub.com
　　　　　编辑部：（010）64269289
　　　　　图书营销中心：（010）64523633
经　　销：全国新华书店
印　　刷：北京晨旭印刷厂

2024年12月第1版　　2024年12月第1次印刷
787毫米×1092毫米　开本：1/16　印张：8.5
字数：218千字

定价：40.00元
（如出现印装质量问题，我社图书营销中心负责调换）
版权所有，翻印必究

《油气田企业班组长培训试题集》编写组

主　　编：刘宁林

编写人员：谢海云　栾开东　张　越　谢　玥

前言

油气田企业班组管理工作关系企业经营战略的顺利实施，班组管理水平的高低将直接影响企业整体状况。班组长作为班组的具体管理者，既是企业生产一线的管理人，又是实现企业生产目标的具体执行人。为构建一套适合油气田企业自身发展规律的班组长培训体系，使班组建设和班组管理与企业长远战略发展目标同步，打造和培养一支懂得管理、技术精良、作风过硬、勇于创新的高素质班组长队伍，中国石油天然气集团有限公司（以下简称中国石油）人力资源部组织制定了油气田企业班组长培训大纲，并编写了《油气田企业班组长培训教材》。《油气田企业班组长培训教材》出版发行后，在油气田企业班组长培训中被广泛应用，且深受好评。但是由于教材缺少配套的试题，不能有效满足油气田企业班组长自测、认定和竞赛需要，因此，有必要开发一套与教材配套的《油气田企业班组长培训试题集》，进一步完善班组长培训体系，满足油气田企业班组长培训需求。

本书章节设置与《油气田企业班组长培训教材》保持一致。编写时，依据教材的知识点设计试题，力求试题覆盖全部重要知识点，能全面反映学员对相关知识点的掌握程度。本书共10章内容，设置4种题型，分别为单项选择题、多项选择题、判断题、简答题。第一章和第二章，由长庆油田分公司培训中心高级讲师栾开东编写；第三章和第七章，由长庆油田分公司培训中心中级讲师谢玥编写；第四章和第五章，由长庆油田分公司培训中心高级讲师谢海云编写；第六章和第八章，由长庆油田分公司培训中心张越编写；第九章和第十章，由长庆油田分公司培训中心高级讲师刘宁林编写。

因编者水平有限，书中难免存在不足和疏漏之处，敬请读者提出宝贵意见和建议。

目录

第一章	中国石油企业文化试题	001
第二章	班组长的角色认知与素质要求试题	011
第三章	班组团队建设试题	022
第四章	班组有效沟通试题	032
第五章	班组激励试题	043
第六章	班组执行力试题	055
第七章	压力管理试题	066
第八章	班组生产管理试题	075
第九章	HSE 管理试题	085
第十章	石油企业常用法律法规试题	098

参考答案 110

第一章	中国石油企业文化试题答案	110
第二章	班组长的角色认知与素质要求试题答案	112
第三章	班组团队建设试题答案	114
第四章	班组有效沟通试题答案	116
第五章	班组激励试题答案	118
第六章	班组执行力试题答案	119
第七章	压力管理试题答案	121
第八章	班组生产管理试题答案	122
第九章	HSE 管理试题答案	124
第十章	石油企业常用法律法规试题答案	126

第一章

中国石油企业文化试题

一、单项选择题（每题有4个选项，只有1个是正确的，将正确的选项填入括号内）

1. 1959年，玉门油矿已建成一个包括地质、钻井、开发、科研、教育等在内的初具规模的石油天然气工业基地。当年生产原油（　　）。
   A. 140.5万吨　　　B. 145.5万吨　　　C. 150.5万吨　　　D. 160.5万吨

2. 最早认识石油性能和记载石油产地的古籍是（　　）。
   A. 东汉文学家、历史学家班固所著《汉书·地理志》
   B. 西汉文学家、历史学家班固所著《汉书·地理志》
   C. 东汉文学家、历史学家班超所著《汉书·地理志》
   D. 东汉文学家、历史学家班固所著《汉书·石油志》

3. 1955年，在新疆准噶尔盆地发现了储量上亿吨的（　　）和齐古油田。
   A. 油泉子油田　　B. 冷湖油田　　　C. 克拉玛依油田　　D. 龙女寺油田

4. 1959年9月26日，（　　）喷油，打响了新中国建设史上一场波澜壮阔的大庆石油会战。
   A. 松基2井　　　B. 松基3井　　　C. 松基1井　　　D. 松基6井

5. （　　）年7月，国家组建了中国石油天然气集团公司、中国石油化工集团公司和中国海洋石油总公司三大中国石油公司。
   A. 2001　　　　　B. 1999　　　　　C. 2000　　　　　D. 1998

6. 中国石油的"八字"企业精神是（　　）。
   A. 爱国　创业　求实　献身　　　　B. 爱国　创业　求真　奉献
   C. 爱国　立业　求实　奉献　　　　D. 爱国　创业　求实　奉献

7. "岗位责任制的管理理念"起源于1962年5月8日（　　）的一次火灾事故。
   A. 长庆油田　　　B. 大庆油田　　　C. 胜利油田　　　D. 玉门油田

8. 1997年，石油行业涌现出一个"新时期铁人"，他是（　　）。
   A. 王启民　　　　B. 王为民　　　　C. 王光荣　　　　D. 秦文贵

9. "铁人精神"中的"为国分忧为民族争气"体现的是（　　）。
   A. 爱国主义精神　　　　　　　　　B. 独立自主精神
   C. 艰苦创业精神　　　　　　　　　D. 无私奉献精神

10. 大庆油田"三老四严"的管理理念中"四严"指的是（　　）。
    A. 严格的要求、严密的组织、严肃的态度、严明的纪律
    B. 严格的作风、严密的组织、严肃的态度、严明的纪律

C. 严格的要求、严密的集体、严肃的态度、严明的纪律
D. 严格的要求、严密的组织、严肃的精神、严明的纪律

11. 中国石油的企业价值追求是（　　）。
A. 绿色发展、奉献石油、为客户成长增动力、为人民幸福赋新能
B. 绿色发展、奉献能源、为客户成长增动力、为人民幸福赋新能
C. 和谐发展、奉献能源、为国家发展增动力、为人民幸福赋新能
D. 绿色发展、奉献能源、为国家发展增动力、为人民幸福赋新能

12. 中国石油的发展战略是（　　）。
A. 创新战略、资源战略、市场战略、国际化战略、绿色低碳战略
B. 创新战略、安全战略、市场战略、国际化战略、绿色低碳战略
C. 创新战略、资源战略、市场战略、国际化战略、节能战略
D. 创新战略、资源战略、营销战略、国际化战略、节能战略

13. 中国石油的企业标识整体呈圆形，寓意为（　　）。
A. 中国石油全球化、国际化的发展战略
B. 中国石油多项主营业务的集合
C. 中国石油无限的凝聚力和创造力
D. 中国石油的社会责任

14. 下列哪一项不是中国石油企业文化的特点（　　）。
A. 军队文化　　　B. 政治文化　　　C. 会战文化　　　D. 经济文化

15. 新中国成立初，国家领导人明确指出，要进行建设，石油是不可缺少的，石油在中国一直有浓重的政治色彩，因而中国石油又有（　　）的称谓。
A. "国家油"　　　B. "中国油"　　　C. "经济油"　　　D. "志气油"

16. 在石油工业发展的前期阶段，（　　）是石油建设的主体方式。
A. 运动战　　　B. 会战　　　C. 集中战　　　D. 大战

17. 从2004年开始，中国石油天然气集团公司命名了（　　）个"石油精神教育基地"。
A. 143　　　B. 145　　　C. 164　　　D. 150

18. 在石油文化中，（　　）的底蕴文化决定了石油人敢打善打硬仗、连续作战、不怕艰难困苦的作风。
A. 军人　　　B. 军队　　　C. 铁人　　　D. 部队

19. 中国石油在生产中努力打造的发展模式是（　　）。
A. 安全清洁 节约优质　　　B. 安全第一 节约优质
C. 安全清洁 环保优先　　　D. 安全清洁 节约保质

20. 石油人的钻头只有大胆而不断地向地下的理想深处开拓进取，最终才能实现理想，这种职业的特点和方向，逐步形成了石油人的（　　）。
A. 开拓进取文化　　　B. 奋斗文化　　　C. 执着文化　　　D. 永远进取文化

21. 石油文艺工作者创作了大量具有浓郁石油气息的音乐精品，其中，（　　）成为石油工业的代表歌曲。
A.《我为国家献石油》　　　B.《我为祖国献石油》
C.《我用青春献石油》　　　D.《铁人之歌》

22. 大庆油田的"四个一样"是在1963年由（　　）任井长的采油一厂二矿五队井组所创，得到周恩来总理的高度赞扬。
　　A. 王进喜　　　　B. 王启民　　　　C. 李天照　　　　D. 秦文贵
23. 大庆油田会战期间，出现了以王进喜为代表的"五面红旗"，号召全体石油职工向他们学习，下面哪一位不是"五面红旗"中的人物（　　）。
　　A. 马德仁　　　　B. 段兴枝　　　　C. 薛国邦　　　　D. 王启民
24. 下面哪一句不是王进喜说过的话（　　）。
　　A. "宁肯少活二十年，拼命也要拿下大油田"
　　B. "为毛主席找石油，要全心全意为人民服务"
　　C. "有条件要上，没有条件创造条件也要上"
　　D. "井没有压力不出油，人没有压力轻飘飘"
25. （　　）年，根据中国国内市场经济发展的需要和政府职能转变的要求，国家成立能源部，撤销石油工业部，成立中国石油天然气总公司。
　　A. 1988　　　　　B. 1998　　　　　C. 1996　　　　　D. 2000
26. 1955年，在四川盆地发现了（　　）和龙女寺油田等，为中国石油资源勘探的重大突破做出了贡献。
　　A. 四川油田　　　B. 南充油田　　　C. 西南油田　　　D. 齐古油田
27. （　　）年，相继发现了胜利油田和大港油田，迅速形成了新的石油工业基地。
　　A. 1960　　　　　B. 1965　　　　　C. 1961　　　　　D. 1970
28. 中国大陆第一口油井诞生在（　　）。
　　A. 甘肃玉门　　　B. 东北大庆　　　C. 甘肃庆阳　　　D. 陕北延长
29. 在1949年以前的72年间，石油工业的发展极其缓慢，仅发现陕北延长、甘肃玉门、（　　）、台湾苗栗等四个小油田。
　　A. 新疆独山子　　B. 新疆齐古　　　C. 四川南充　　　D. 甘肃庆阳
30. 从2004年开始，大庆油田的"铁人一口井"、克拉玛依油田的"黑油山"、长庆油田的"（　　）"等成了一批具有重大意义的企业形象标志。
　　A. 庆一井　　　　B. 红井子　　　　C. 好汉坡　　　　D. 塔中四井
31. 1944年，毛泽东同志为延长石油厂陈振夏题词"（　　）"。
　　A. 独立自主　　　B. 不怕困难　　　C. 埋头苦干　　　D. 力争自主
32. 中国石油的国际合作理念是（　　）。
　　A. 共利共赢，合作发展　　　　　　B. 互利共赢，团结合作
　　C. 互惠共赢，合作发展　　　　　　D. 互利共赢，合作发展
33. 中国石油的企业愿景是（　　）。
　　A. 建设基业长青世界一流综合性国际能源公司
　　B. 建设基业长青国际一流综合性国际能源公司
　　C. 建设基业长青世界一流综合性国家能源公司
　　D. 建设事业长青世界一流综合性国际能源公司
34. 中国石油承担的三大责任是（　　）。
　　A. 经济责任、政治责任、国家责任　　B. 经济责任、政治责任、社会责任
　　C. 经济责任、安全责任、社会责任　　D. 经济责任、环境责任、社会责任

35. 1962年5月8日，大庆油田最早建成投产的（　　）因管理不善酿成火灾，油田工委组织员工进行大讨论活动，由此形成了岗位责任制的管理理念。

　　A. "中二注水站"　　B. "中一注水站"　　C. "松基三井"　　D. "松基二井"

36. 三老四严与四个一样，一同写入1963年颁布的（　　），作为工作作风的主要内容颁发。

　　A.《中华人民共和国石油工业部工作条例（草例）》
　　B.《中华人民共和国石油工业部管理条例（草例）》
　　C.《中华人民共和国石油工业部工作规定（草例）》
　　D.《中华人民共和国石油工业部工作制度（草例）》

37. 总的来说，我国的石油企业文化经历了三个时期，其中第二个时期是（　　）的阶段。

　　A. 工作目标调整　　B. 工作理念调整　　C. 价值观念调整　　D. 利润目标调整

38. （　　）年，江泽民同志视察大庆油田时，把"献身"表述为"奉献"，并对大庆精神基本内涵进行了诠释。

　　A. 1989　　B. 1991　　C. 1990　　D. 1992

39. 玉门油田作为我国石油工业的摇篮，早在20世纪（　　）年代，就形成了玉门精神。

　　A. 40　　B. 50　　C. 60　　D. 70

40. 在形成玉门精神之后又形成了以顾全大局、艰苦奋斗、无私奉献为核心的（　　）。

　　A. 克拉玛依精神　　B. 四川油田精神　　C. 柴达木精神　　D. 新疆精神

41. （　　）年，国务院批准成立了中国海洋石油总公司。

　　A. 1978　　B. 1980　　C. 1985　　D. 1982

42. 在玉门油田开发之初，国民党代表翁文灏造访中共代表（　　），商量调用延长油矿钻机一事。

　　A. 毛泽东　　B. 董必武　　C. 余秋里　　D. 周恩来

43. 我国明代以后，石油开采技术逐渐流传到国外，明代科学家宋应星所著的科学巨著（　　），把长期流传下来的石油化学知识做了全面的总结。

　　A.《天工开物》　　B.《开工开物》　　C.《地工开物》　　D.《开工开油》

44. 早在（　　）年前，我国古代人民开始把石油用于战争。

　　A. 1500　　B. 1400　　C. 1700　　D. 1600

45. 我国最早发现石油的记录，源于（　　）时期已编成的《易经》。

　　A. 西周　　B. 东周　　C. 秦朝　　D. 汉朝

46. 石油精神以大庆精神铁人精神为主体，是对石油战线企业精神及优良传统的高度概括和凝练升华，其核心是（　　）。

　　A. "苦干实干""四个一样"　　B. "艰苦奋斗""三老四严"
　　C. "苦干实干""三老四严"　　D. "不怕困难""三老四严"

47. 作为国有重要能源骨干企业，中国石油除了在最大限度上满足社会对油气的需求，保障国家能源安全外，还要高度关注全球气候变化和（　　）问题。

　　A. 社会环境恶化　　B. 生存环境恶化　　C. 生态环境恶化　　D. 自然环境恶化

48. 中国石油纪念日是（   ）。
   A. 9月26日　　　　B. 9月24日　　　　C. 10月25日　　　　D. 9月25日
49. 优秀的石油文学艺术作品在石油工业发展中发挥了重要作用，中国石油设立（   ），评选石油歌唱家、书法家、舞蹈家等。
   A. 石油文学奖　　　B. 大庆文学奖　　　C. 铁人文学奖　　　D. 中国石油文学奖
50. （   ）被誉为"中国石油工业的摇篮"。
   A. 大庆油田　　　　B. 玉门油田　　　　C. 吐哈油田　　　　D. 青海油田
51. 1955年，石油工业部部长李聚奎同志向毛泽东主席汇报工作时，向毛主席提出了将解放军（   ）改编为石油师的建议。
   A. 第十九军五十七师　　　　　　　　B. 第十九军五十八师
   C. 第十八军五十七师　　　　　　　　D. 第十九军五十六师
52. 石油文艺工作者创作了大量具有石油气息的艺术精品，其中，电视连续剧（   ）获得国家"五个一"工程奖。
   A.《创业者》　　　B.《奠基者》　　　C.《开创者》　　　D.《拓荒者》
53. 我国的石油工业为我国经济建设和发展提供了充足的石油资源和物质财富，在几十年的创业历程中形成了独具石油特色的优良传统和精神财富，形成了（   ）。
   A. 中国石油精神文化　　　　　　　　B. 中国油田企业文化
   C. 石油特色企业文化　　　　　　　　D. 中国石油企业文化
54. 1982年，国务院批准成立中国海洋石油总公司，负责实施中国海域石油对外合作，并赋予了一系列特殊的政策，成为国内的（   ）。
   A."海域特区"　　　B."海洋特区"　　　C."海上特区"　　　D."海上油区"
55. 从1981年起，国务院决定对石油工业部实行（   ）原油产量包干，陆上石油工业成为第一个实行全行业大包干的部门，创中国工业行业改革之先河。
   A. 1亿吨　　　　　B. 2亿吨　　　　　C. 1.5亿吨　　　　D. 3.5亿吨
56. 在玉门油田的恢复建设中，玉门石油人发扬艰苦奋斗的（   ）精神，进行艰苦创业。
   A."一厘钱"　　　　B."一毛钱"　　　　C."一分钱"　　　　D."一元钱"
57. （   ）的基本内涵是：为国争光、为民族争气的爱国主义精神；独立自主、自力更生的艰苦创业精神；讲究科学、"三老四严"的求实精神；胸怀全局、为国分忧的奉献精神。
   A. 石油精神　　　　B. 长庆精神　　　　C. 大庆精神　　　　D. 铁人精神
58. "宁肯少活20年，拼命也要拿下大油田"体现的是铁人精神中的（   ）精神。
   A. 爱国主义　　　　B. 忘我拼搏　　　　C. 大公无私　　　　D. 科学求实
59. 在石油创业史上，当年刘秉义先生一曲《我为祖国献石油》以及石油颂歌（   ）等，激励了许多热血青年投身石油大军的行列。
   A.《新疆油田之歌》　　　　　　　　　B.《吐哈之歌》
   C.《克拉玛依之歌》　　　　　　　　　D.《胜利油田之歌》
60. 在大庆油田创业期间，油田职工家属中掀起的（   ）的生活自救、创业立业，从另一层面上大大丰富了石油榜样的群体。

A. "五把铁锹闹革命"　　　　　　　B. "四把铁锹闹革命"
C. "五把铁锹创油田"　　　　　　　D. "五把铁锹来创业"

二、多项选择题（每题有 4 个选项，至少有 2 个是正确的，将正确的选项填入括号内）

1. 中国石油企业文化的特点有（　　）。
A. 政治文化　　　B. 环境文化　　　C. 军队文化　　　D. 会战文化

2. 中国石油天然气集团有限公司的石油精神教育基地中，比较有名的有（　　）。
A. "铁人一口井"　　　　　　　　　B. 克拉玛依油田的"黑油山"
C. 塔里木油田的"塔中四井"　　　　D. 长庆油田的"庆一井"

3. 下列各项属于大庆油田的"四个一样"的是（　　）。
A. 黑天和白天一个样　　　　　　　B. 坏天气和好天气一个样
C. 干部和职工一个样　　　　　　　D. 领导不在场和领导在场一个样

4. 1997 年涌现出的在全国有重大影响的石油战线的典型先进个人主要有（　　）。
A. "新时期铁人"王启民　　　　　　B. "铁人式的好工人"王为民
C. "四个一样"的首创者李天照　　　D. "铁人式的共产党员"王光荣

5. 大庆油田会战时期出现的"五面红旗"除了铁人王进喜之外，还包括（　　）。
A. 1202 钻井队队长马德仁　　　　　B. 1206 钻井队队长段兴枝
C. 采油队队长薛国邦　　　　　　　D. 中国青年的榜样秦文贵

6. 大庆油田会战时期，在管理上形成的八大制度，主要包括以下哪几项（　　）。
A. 安全健康环保制度　　　　　　　B. 交接班制度
C. 设备维修保养制度　　　　　　　D. 岗位练兵制度

7. 下列哪几句是歌曲《我为祖国献石油》中出现的内容（　　）。
A. 只有荒凉的沙漠，没有荒凉的青春
B. 我为祖国献石油，哪里有石油哪里就是我的家
C. 红旗飘飘映彩霞，英雄扬鞭催战马，我当个石油工人多荣耀
D. 地下原油见青天，祖国盛开石油花

8. 我国的石油企业文化经历了三个时期，在第一个时期形成的石油精神主要包括（　　）。
A. 玉门精神　　　B. 长庆精神　　　C. 柴达木精神　　　D. 大庆精神

9. 大庆油田开发的巨大意义在于（　　）。
A. 打响了新中国建设史上一场波澜壮阔的石油会战
B. 从此实现了中国石油工业的历史性转折
C. 形成了伟大的大庆精神铁人精神
D. 取得了中国石油资源勘探的第一次重大突破

10. 继发现松辽盆地之后，我国石油勘探又相继发现了（　　）等几个油田。
A. 胜利油田　　　B. 大港油田　　　C. 辽河油田　　　D. 任丘油田

11. 中国石油的治企准则是（　　）。
A. 专业化发展　　B. 市场化运作　　C. 精益化管理　　D. 一体化统筹

12. 石油企业在长期的工作实践中形成了一些共同的工作理念，包括（　　）。
   A. 岗位责任制的管理理念　　　　B. "三老四严""四个一样"的作风理念
   C. "有红旗就扛，有排头就站"进取理念　　D. "不怕吃苦、不怕困难"的拼命理念
13. 我国的石油企业文化经历了三个时期，第二个时期经历了（　　）等巨变。
   A. 业务调整　　　B. 产业结构调整　　　C. 利润目标改变　　　D. 重组改制
14. 玉门油田作为我国石油工业的摇篮，早在新中国成立之初，就形成了以（　　）为主要内容的玉门精神。
   A. 自力更生　　　B. 艰苦奋斗　　　C. 勤俭节约　　　D. 多做贡献
15. 在玉门油田之后进行的克拉玛依、柴达木、四川油田会战中，又形成了以（　　）为精髓的柴达木精神。
   A. 攻坚啃硬　　　B. 顾全大局　　　C. 艰苦奋斗　　　D. 无私奉献
16. 1998 年，国家组建了（　　）三大石油公司。
   A. 中国石油天然气集团公司　　　　B. 中国石油化工集团公司
   C. 中国海洋石油总公司　　　　　　D. 中国陆地石油总公司
17. 1998 年，三大石油公司组建的股份公司相继在（　　）成功上市，进入了国际资本市场。
   A. 巴黎　　　B. 纽约　　　C. 伦敦　　　D. 香港
18. 1983 年，国务院批准成立中国石油化工总公司，对（　　）进行统一领导，统一管理，这对整合和充分利用全国石油资源具有深远意义。
   A. 石油勘探　　　B. 炼油　　　C. 石油化工　　　D. 化纤企业
19. 从 1979 年起，中国石油海洋石油勘探开发开展对外合作，先后同 18 个国家签订了 145 个合同，在（　　）等海域全面展开勘探。
   A. 渤海　　　B. 黄海　　　C. 东海　　　D. 南海
20. 1997 年，油田战线涌现出一大批在全国有重大影响的典型个人和以（　　）等为代表的典型集体。
   A. 长庆"庆一井"钻井队　　　　B. 大庆 1205 钻井队
   C. 四川 111 钻井队　　　　　　D. 塔里木塔中作业区
21. 从 1979 年起，中国海洋石油加强对外合作，先后同 18 个国家签订了 145 个合同，在多海域展开勘探，有 40 多个构造发现了油气，还在进行开发建设的，中国自己钻探的（　　）等地区的储油构造中，发现了高产油气田。
   A. 辽东湾　　　B. 北部湾　　　C. 莺歌海　　　D. 南部湾
22. 石油工业从新中国成立以来，就和军人结下了不解之缘，从本质上说，石油文化是军队（　　）作风的体现。
   A. 严整　　　B. 规范　　　C. 有序　　　D. 顽强
23. 在玉门油田的早期恢复建设中，玉门石油人发扬了（　　），使得玉门油田早期为石油工业做出了很大的贡献。
   A. 一厘钱精神　　　B. 穷捣鼓精神　　　C. 找米下锅精神　　　D. 再生产精神
24. 以下语句（　　）形成了石油工人共同追求的价值观，就是"我为祖国献石油"。
   A. "有条件要上，没有条件创造条件也要上"

B. "宁肯少活二十年，拼命也要拿下大油田"
C. "头戴铝盔走天涯，哪里有石油哪里就是我的家"
D. "只有荒凉的沙漠，没有荒凉的人生"

25. 铁人精神是大庆精神的人格化和具体化，其核心内涵包括（　　）。
    A. 爱国主义精神　　B. 忘我拼搏精神　　C. 艰苦奋斗精神　　D. 科学求实精神

26. 1998年7月，国家对石油工业和石化工业实行进一步重组，形成（　　）一体化的经营实体。
    A. 上下游　　B. 内外贸　　C. 产供销　　D. 加工制造

27. 属于国务院国资委命名的中央企业爱国主义教育基地的是（　　）。
    A. 铁人王进喜纪念馆
    B. 大庆油田历史陈列馆
    C. 长庆油田展览馆
    D. 玉门油田老君庙油矿旧址

28. 关于中国石油的标识，下列表述正确的是（　　）。
    A. 标识整体呈圆形，寓意中国石油全球化、国际化的发展战略
    B. 十等分的花瓣图形，象征中国石油多项主营业务的集合
    C. 外观呈花朵状，体现中国石油无限的凝聚力与创造力
    D. 标识的中心太阳初升、光芒四射，象征着中国石油朝气蓬勃，前程似锦

29. 关于近代中国石油发展史，下列表述正确的是（　　）。
    A. 1878年，中国台湾组建了中国近代石油史上第一个钻井队
    B. 中国大陆第一口油井诞生在陕北延长
    C. 1927年打成中国陆上第一口油井——"延一井"
    D. 1949年我国石油产量仅为12万吨

30. 1955年，在新疆发现的几个油田是（　　）。
    A. 克拉玛依油田　　B. 齐古油田　　C. 龙女寺油田　　D. 冷湖油田

31. 到1959年，玉门油矿已建成一个初具规模的石油天然气基地，上马的项目主要包括（　　）。
    A. 地质　　B. 钻井　　C. 炼油　　D. 机械

32. 关于中国石油企业文化，下列表述正确的有（　　）。
    A. 我国石油工业发展的历史为中国石油企业文化的形成提供了丰富的土壤
    B. 中国石油企业一直以来都重视企业文化建设
    C. 玉门油田作为石油工业的摇篮，很早就形成了玉门精神
    D. 总的来说，我国的石油企业文化经历了四个时期

33. 石油工业发展初期，会战是石油建设的主体方式，这主要是基于当时（　　）的条件。
    A. 资金匮乏　　B. 基础薄弱　　C. 技术落后　　D. 国家重视

34. 石油文艺工作者创作的具有石油气息的艺术精品主要有（　　）。
    A. 话剧《地质师》
    B. 歌舞剧《大漠的女儿》
    C. 电视剧《铁人》
    D. 歌曲《海洋石油之歌》

35. 中国石油企业在生产中要实现企业发展与资源环境社会相协调，大力倡导生态文明，努力创造（　　）企业。
    A. 环境友好型　　B. 资源节约型　　C. 利润为先型　　D. 经济至上型

36. 中国石油命名的石油精神教育基地有（　　）。
 A. 大庆油田铁人王进喜纪念馆　　　　B. 大庆油田松基三井
 C. 大庆油田历史陈列馆　　　　　　　D. 长庆石油科技馆
37. 创新是企业发展的不竭动力，也是中国石油永葆生机的源泉，石油企业大力倡导创新精神，要从（　　）入手，不断超越自我。
 A. 制度创新　　　B. 管理创新　　　C. 机制创新　　　D. 条件创新
38. 石油精神中的柴达木精神的精髓包括（　　）。
 A. 顾全大局　　　B. 艰苦奋斗　　　C. 无私奉献　　　D. 攻坚啃硬
39. 二十世纪五六十年代，在四川盆地发现了（　　）等，取得了中国石油勘探的第一次重大突破。
 A. 南充油田　　　B. 龙女寺油田　　　C. 齐古油田　　　D. 冷湖油田
40. 中国石油的企业价值追求内容包括（　　）。
 A. 绿色发展　　　　　　　　　　　　B. 奉献能源
 C. 为客户成长增动力　　　　　　　　D. 为人民幸福赋新能

三、判断题（对的画√，错的画×）

（　　）1. 早期的石油工业的领导人都是军人出身。
（　　）2. 中国石油的企业标识图样为红蓝两色构成的图形。
（　　）3. 中国石油的质量健康安全环保理念是以人为本、质量至上、安全第一、环保优先。
（　　）4. 作为国有重要能源企业，中国石油必须最大限度地满足社会发展对油气的需求，为此，可以适当地忽略对生态环境的考量。
（　　）5. 中国石油企业标识中，标识的中心是太阳初升，光芒四射，象征着中国石油必须承担环境和谐的社会责任。
（　　）6. 石油企业内外的文艺工作者创作了大量优秀的文艺作品，其中话剧《工程师》获得国家"五个一"工程奖。
（　　）7. 1997年，石油行业涌现出一大批在全国有重大影响的典型个人，如"铁人式的好工人"王启民。
（　　）8. 大庆精神是铁人精神的人格化和具体化。
（　　）9. 大庆油田会战初期，出现了以铁人王进喜为代表的"王、马、段、薛、朱"五面红旗。
（　　）10. 1981年，在党中央第47号文件中，把大庆精神高度概括为爱国、创业、求实、奉献。
（　　）11. 总的来说，我国的石油企业文化经历了三个时期，第二个时期中国石油逐渐跻身于世界一流企业的行列。
（　　）12. 在中国石油天然气集团有限公司石油精神教育基地中，塔里木油田的"塔中四井"和"克拉2井"位列其中。
（　　）13. 石油工业发展中的"三基"工作指的是基层建设、基础工作、基本思想。
（　　）14. 中国石油天然气集团有限公司的营销理念是：利润导向、客户至上、以销定产、以产促销、一体协同、竞合共赢。

（　　）15. 发现大庆油田之后，国家将找油的重点从东部转移到西部，从此以后，石油工业的发展更加迅速。

（　　）16. 1959年9月26日，松基3井喷油，打响了新中国建设史上一场波澜壮阔的大庆石油会战。

（　　）17. 新中国成立以前，1949年我国的石油总产量仅为16万吨。

（　　）18. 1960年，随着克拉玛依油田、冷湖油田和南充油田的发现，我国石油工业取得了石油勘探的第一次重大突破。

（　　）19. 在石油工业发展的初期，运动战是石油建设的主体方式。

（　　）20. 新中国成立之初，国家领导人就明确指出，要进行建设，石油是不可缺少的，石油在中国一直带有浓重的文化色彩。

（　　）21. 岗位责任制的管理理念起源于1962年胜利油田的一次火灾事故。

（　　）22. 第一批石油员工大多来自军队，因此，石油文化是军队文化与产业文化结合而产生的。

（　　）23. 中国石油的企业标识，为十等分的花瓣图形，象征中国石油朝气蓬勃，前程似锦。

（　　）24. 在石油企业文化中，长期的石油会战形成了石油人"我为祖国献石油"的共同价值观。

（　　）25. 从毛主席向全国发出"工业学大庆"的号召起，石油人便成为全国工业界的精神骄子，同时也给石油工业打上了强烈的政治烙印。

（　　）26. 大庆石油会战，仅用了5年时间，就组建了年产600万吨的大油田，从此实现了中国石油工业的历史性转折。

（　　）27. 1963年，周恩来总理在第二届全国人大第五次会议上宣告：我国需要的石油，已经可以基本自足，中国人民使用"洋油"的时代，即将一去不复返。

（　　）28. 任丘油田的发现时间是1975年。

（　　）29. 胜利油田作为我国石油工业的摇篮，早在20世纪50年代，就形成了独特的企业精神。

（　　）30. 20世纪80年代中期至今，是我国石油工业高速发展的时期。

四、简答题

1. 玉门油田为我国的石油工业做出了什么贡献？
2. 中国石油的企业精神是什么？
3. 中国石油企业文化的特点有哪些？
4. 大庆石油会战时期形成的八大制度是什么？
5. 1997年，石油战线涌现出哪些典型人物和模范集体？
6. 我国的石油企业文化经历了哪三个时期？
7. 1998年国家组建的三大石油公司是哪三家？
8. 1963年，我国开发了哪些油田？
9. 简述新中国成立以前我国的石油工业状况。
10. 中国石油天然气集团有限公司的业务主要涉及哪些方面？

第二章

班组长的角色认知与素质要求试题

一、单项选择题（每题有4个选项，只有1个是正确的，将正确的选项填入括号内）

1. 在企业中，管理在纵向结构上划分为（　　）三个层次。
   A. 决定层、管理层、执行层　　　　B. 决策层、管理层、执行层
   C. 决策层、中间层、执行层　　　　D. 决策层、管理层、操作层

2. 下列哪一项表述是错误的（　　）。
   A. 班组是班组长的"责任田"和"一亩三分地"
   B. 班组是班组长的管理技能得以锻炼和提高的实践基地
   C. 油气田企业的班组长，一般是从管理岗位上因出色的工作表现而被任命的
   D. 班组是班组长的"第二个家"

3. 下列哪一项表述是正确的（　　）。
   A. 班组成员之间有矛盾和纠纷，是他们个人的事情，与班组长无关
   B. 身为班组长，不仅是企业中的普通一员，肩上更增添了责任和重担
   C. 班组长是一名生产一线的普通员工管理生涯的终点
   D. 班组长对班组的管理仅有对员工的奖励权

4. 中层管理者处于企业组织结构中的中层位置，在决策层与执行层中间具有桥梁作用，是企业中重要的（　　）系统。
   A. 指挥　　　　B. 执行　　　　C. 中枢　　　　D. 操作

5. 班组长需要辅导员工的工作、协调员工关系，带领大家实现企业的各项指标，完成企业的经济效益，其管理工作的重点在于（　　）管理。
   A. 效益　　　　B. 经济　　　　C. 集体　　　　D. 团队

6. 对于同阶层的其他班组长而言，班组长之间是同事、协作者，同时也是（　　）。
   A. 合作者　　　B. 竞争者　　　C. 管理者　　　D. 执行者

7. 班组长的角色意识中，对下，也就是对员工，班组长是决策者、上级代表、管理者、领导者、监督者，同时还是（　　）。
   A. 培训师和授权者　　　　　　B. 教师和授权者
   C. 教师和指挥者　　　　　　　D. 培训师和指挥者

8. 下列哪一项不是班组长的角色认知的误区（　　）。
   A. 民意代表　　B. 向上错位　　C. 自由人　　　D. 培训师

011

9. 下列哪一项不属于班组长的职责范围（　　）。
   A. 班组制度的落实　　　　　　　　B. 班组团队建设
   C. 辅助上级工作　　　　　　　　　D. 参与上级领导制订生产计划
10. 班组长的"管事"能力有（　　）四个方面。
   A. 专业技术能力、目标管理能力、问题解决能力、员工辅导能力
   B. 专业技术能力、目标管理能力、问题解决能力、员工激励能力
   C. 专业技术能力、沟通表达能力、问题解决能力、员工辅导能力
   D. 团队建设能力、目标管理能力、问题解决能力、员工辅导能力
11. 下列哪一项是班组长角色认知的误区（　　）。
   A. 培训师　　　　B. 授权者　　　　C. 上级代表　　　　D. 自由人
12. 班组长要想有更好的发展，必须要有学习力。所谓学习力，就是学习（　　）、学习毅力和学习能力三要素的总和。
   A. 压力　　　　B. 前进力　　　　C. 动力　　　　D. 驱动力
13. 班组长的"理人"能力包括（　　）四项能力。
   A. 员工辅导能力、人际关系处理能力、沟通表达能力、团队建设能力
   B. 员工激励能力、人际关系处理能力、沟通表达能力、团队建设能力
   C. 员工辅导能力、人际关系处理能力、沟通表达能力、目标管理能力
   D. 问题解决能力、人际关系处理能力、沟通表达能力、团队建设能力
14. 下列哪一项不属于管理大师彼得·德鲁克在《21世纪的管理挑战》一书中谈到"自我管理"时，必须回答的五大问题（　　）。
   A. 我是谁　　　　　　　　　　　B. 我从哪里来
   C. 我能做出什么贡献　　　　　　D. 我的下半生做什么
15. 班组长学会把自己要处理的工作做到计划有序，在短时间内创造出更多的价值，就要提高自己的（　　）能力。
   A. 学习　　　　B. 系统思考　　　　C. 时间管理　　　　D. 分配注意力
16. 班组长一方面要为员工搭建成长的平台，另一方面要加强班组文化建设，这就要求班组长必须具备（　　）能力。
   A. 自我管理　　　B. 学习　　　C. 沟通表达　　　D. 班组团队建设
17. 班组长不但会干，而且还要会说，在自己实干的基础上，会与上级领导交流，也善于与员工交流，这就需要提高班组长的（　　）。
   A. 团队建设能力　　B. 学习能力　　C. 自我管理能力　　D. 沟通表达能力
18. 班组长要想办法使员工从"要我去做"变为"我要去做"，使员工体会到自己的重要性和工作成就感，这就要求班组长要提高自己的（　　）。
   A. 团队建设能力　　B. 员工管理能力　　C. 组织能力　　D. 员工激励能力
19. 班组长就像是班组这个"家"的家长，需要关心员工在心理和业绩两方面的成长，做到这一点，需要用到班组长的（　　）。
   A. 员工管理能力　　　　　　　　B. 员工辅导能力
   C. 班组团队建设能力　　　　　　D. 指挥能力
20. 班组长想要有更好的发展，必须要有学习力。所谓学习力，就是学习动力、学习毅

力和（　　）三要素的总和。

　　A. 学习自觉性　　　B. 学习目标　　　C. 学习能力　　　D. 学习驱动力

21. 班组长必须具有时间管理能力。时间管理就是指通过（　　）和运用一定的技巧、方法与工具实现对时间的灵活、有效运用，从而实现个人或组织的既定目标。

　　A. 计划　　　　　　B. 事后总结　　　C. 事先规划　　　D. 预测

22. 班组长要学会处理生产现场的问题，而生产现场的问题大致可分为两大类，第一类是（　　），第二类是多发、频发问题。

　　A. 突发问题　　　　B. 意外问题　　　C. 常规问题　　　D. 设备问题

23. 一个班组长，即使有再好的方案、思路、办法、措施和经验，如果没有（　　），就无法保证很好地完成使命。

　　A. 充足的时间　　　B. 足够的资金　　C. 合适的环境　　D. 强健的身体

24. 作为班组长，管理好自己的情绪非常重要，要培养（　　）的情绪，在和谐的气氛中感染员工。

　　A. 紧张　　　　　　B. 稳定而乐观　　C. 多变　　　　　D. 焦虑

25. 班组长要有胸怀坦荡的胸襟和知错就改的勇气，要把别人的批评和指责当作检验工作（　　）的重要标准之一。

　　A. 质量与效率　　　B. 数量与效率　　C. 效率　　　　　D. 成功与否

26. 班组长要具备良好的道德素质，只有如此才能（　　）。

　　A. "以德服人"　　　B. "以品服人"　　C. "以才服人"　　D. "以业服人"

27. 班组长所需要具备的能力素质，就是为了完成其（　　），获得良好的绩效表现，在知识技术、思想观念和工作能力等方面所具备的基本条件。

　　A. 工作目标　　　　B. 工作任务　　　C. 利润目标　　　D. 岗位职责

28. 班组长在企业中的地位，决定了其在企业中起着（　　）的作用。

　　A. 承前启后　　　　B. 承上启下　　　C. 传承　　　　　D. 传递

29. 一个企业执行能力如何，关键在于处在执行层面的班组长如何领会高层的决策，并且结合本企业的（　　）和文化清晰传递给班组成员，带头认真地执行。

　　A. 实情　　　　　　B. 目标　　　　　C. 计划　　　　　D. 特色

30. 班组长是基层管理者，其一言一行、一举一动都是（　　），心里要想着公司的利益和目标。

　　A. 工作行为　　　　B. 事业行为　　　C. 职责行为　　　D. 职务行为

31. 在企业中，在纵向结构上划分为决策层、管理层和执行层三个层次，决策层是指总经理、董事长，负责企业（　　）的制定及重大决策的做出。

　　A. 战术　　　　　　B. 计划　　　　　C. 生产流程　　　D. 战略

32. 角色认知是指角色扮演者对（　　）、作用及行为规范的实际认识和对社会其他角色关系的认识。

　　A. 社会地位　　　　B. 角色特点　　　C. 职业特点　　　D. 社会影响力

33. 班组长意味着什么？它意味着：班组长今后的成功不再是单单依靠自身的专业知识和技术能力，以及个人付出和努力的程度，而是更多地和（　　）联系在一起。

　　A. 家庭成员　　　　B. 社会　　　　　C. 班组成员　　　D. 上级领导

34. 班组长面对上级领导，不正确的做法是（　　）。
    A. 正确领会上级的意图　　　　　　B. 服从上级的指挥
    C. 及时向上级领导汇报工作进展情况　　D. 要求上级更改工作目标
35. 位于企业组织结构底层的生产现场班组，是企业中的基本作业单位，是企业内部（　　）的劳动和管理组织。
    A. 最基本　　　　B. 最基层　　　　C. 最重要　　　　D. 最基础
36. 班组是在（　　）的基础上，把生产过程中相互协同的同工种工人或不同工种工人组织在一起从事生产活动的一种组织，是企业中最基层的劳动和管理组织。
    A. 工作需要　　　B. 企业安排　　　C. 劳动分工　　　D. 社会分工
37. 作为一名班组长，不能只知道低头干活，还要知道自己班组的工作，以及班组对于企业的（　　）。
    A. 价值和贡献　　B. 工作意义　　　C. 工作价值　　　D. 价值和意义
38. 班组长应该带领自己的团队，在完成团队目标的同时，实现个人的成长，这就需要首先认清班组长在企业管理中所处的位置，做好班组长的（　　）。
    A. 角色认定　　　B. 角色识别　　　C. 角色认知　　　D. 角色扮演
39. 班组长是上级与下级沟通的桥梁，是班组成员之间、上级领导与员工之间联系的（　　）。
    A. 平台　　　　　B. 结合点　　　　C. 纽带　　　　　D. 联系点
40. 在班组管理的（　　）循环中，一切工作都是围绕更好地实现目标展开的。
    A. PDCA　　　　B. PACD　　　　C. PADC　　　　D. CDAP
41. 班组长要具备一定的员工辅导能力，一方面要辅导员工的（　　），另一方面要指导督促员工的工作。
    A. 思想　　　　　B. 动机　　　　　C. 心理　　　　　D. 情绪
42. 斯坦福研究中心曾经发表的一份调查报告认为，一个人赚的钱，12.5%来自知识，87.5%来自（　　）。
    A. 关系　　　　　B. 环境　　　　　C. 经历　　　　　D. 学识
43. 人具有社会性，除了在班组工作中获得（　　）之外，还希望能够得到认可、关怀、尊重、心灵的轻松愉悦。
    A. 物质回报　　　B. 价值体现　　　C. 生活成本　　　D. 精神奖励
44. 在班组长的角色意识中，当面对员工时，班组长应该是（　　）。
    A. 领导者和指挥者　　　　　　　　B. 服从者和助手
    C. 竞争者和对手　　　　　　　　　D. 执行者和汇报者
45. 班组是企业中最小的执行单位，主要负责生产管理流程中的实施与控制环节，是企业管理体系实现的（　　）环节，是企业各项制度落地的基础。
    A. 首要　　　　　B. 中间　　　　　C. 前置　　　　　D. 终端
46. 班组要经常主动反馈（　　），便于其他管理部门及时做出调整，提供恰当的资源。
    A. 现场生产一线的真实信息　　　　B. 现场生产一线的所有信息
    C. 现场生产一线的事故信息　　　　D. 现场生产一线的资源信息
47. 在班组长与其他角色的相互关系中，对外，班组长是PDCA流程中计划实施效果的

（　　）和信息的反馈者。

A. 被考核者　　　B. 考核者　　　C. 审核者　　　D. 被审核者

48. "待人以诚而去其诈，待人以宽而去其隘"，这体现的是班组长应有的基本素质中的（　　）。

A. 良好的道德品质　　　　　　B. 宽容大度的胸怀
C. 稳定而乐观的情绪　　　　　D. 充沛的精力和体力

49. 关于德与才的关系，下面哪一句表述是不正确的（　　）。

A. 德与才是相辅相成、辩证统一的
B. 德是才的方向和灵魂
C. 才是德前进的条件和基础
D. 德与才有主次之分，相对于德而言，才更为根本

50. 下列表述不正确的是（　　）。

A. 班组长是中层管理人员的左右手　　B. 班组长是一线员工的帮助者和支持者
C. 班组长是同事的战友和兄弟　　　　D. 班组长的业务水平不一定高于员工

51. 管理大师彼得·德鲁克在（　　）一书中谈到知识工作者实行管理必须回答的五大问题。

A.《管理者挑战》　　　　　　B.《时间挑战》
C.《挑战知识》　　　　　　　D.《21世纪的管理挑战》

52. 班组长要具备（　　），就是要充分认识自己的长处，将自身的优势与企业的需求统一起来，规划好自己的人生。

A. 自我管理能力　　B. 时间管理能力　　C. 理财能力　　D. 员工管理能力

53. 班组长的职业使命之一，就是打造一个高效的班组团队，达成组织目标的同时，让员工找到工作的成就感，从而让员工（　　）。

A."精业"　　　　B."乐业"　　　　C."爱业"　　　　D."敬业"

54. 班组长要不断提高自己认识问题、分析问题和解决问题的能力，不断地超越自己，就要提高自己的（　　）。

A. 自我管理能力　　B. 时间管理能力　　C. 人际关系处理能力　　D. 学习力

55. 由于班组长是企业的基层管理人员，所以班组长的言行，可以代表的（　　）立场。

A. 大多数管理者　　B. 多数员工　　C. 上级领导　　D. 政府

56. 班组工作（　　）而又系统，班组长一职既能锻炼人的管理技能又具有挑战性。

A. 复杂　　　　B. 容易　　　　C. 简单　　　　D. 平凡

57. 美国国家研究委员会组织研究小组对西部电器公司开展实验研究，得出一个重要结论是，生产效率主要取决于工人的（　　）以及他和周围人的关系。

A. 工作态度　　B. 人生态度　　C. 责任心　　D. 工资水平

58. 班组长要把班组的精神、理念、价值观等这些东西和班组生产的安全、质量等有机结合起来，形成独特的（　　）。

A. 员工文化　　B. 企业文化　　C. 人文文化　　D. 班组文化

59. 美国社会学家戴维·麦克利兰提出，能区分在特定的工作岗位和组织环境中绩效水平的个人特征就是（　　）。

A. 能力素质　　B. 个人能力　　C. 综合素质　　D. 管理能力

60. 对班组长而言，班组长所具备的能力素质，就是为了完成其岗位职责，在知识技术、思想观念、工作能力等方面所应具备的（　　）。
　　A. 单项能力　　　　B. 一切条件　　　　C. 综合能力　　　　D. 基本条件

二、多项选择题（每题有4个选项，至少有2个是正确的，将正确的选项填入括号内）

1. 班组长的基本素质包括（　　）。
　　A. 良好的道德品质　　　　　　　　B. 宽容大度的胸怀
　　C. 稳定而乐观的情绪　　　　　　　D. 不怕困难的毅力和决心
2. 班组长"管事"的能力主要有（　　）。
　　A. 员工激励能力　　B. 员工辅导能力　　C. 专业技术能力　　D. 问题解决能力
3. 班组长的职责可以归纳为（　　）几个方面。
　　A. 制度的落实与建设　　　　　　　B. 班组团队建设
　　C. 辅助上级工作以及横向之间的合作　D. 确保员工安全
4. 下列哪几项是正确的（　　）。
　　A. 企业运营中的管理，按照层次划分，包括决策层面的管理、经营层面的管理和执行层面的管理
　　B. 常见的企业组织结构形式包括直线制、职能制、直线职能制和矩阵制等
　　C. 在"以现场为中心"的管理模式下，"现场"位于组织内的顶端
　　D. 在班组管理中，最重要的是管事而不是管人
5. 下列哪几项是错误的（　　）。
　　A. 班组在自己的"责任田"里，决定不了种什么，但可以让这块地里的庄稼长得更好，收成更多
　　B. 如果班组内的员工的职业素质普遍不高，那么班组长的管理技能也就不会提高
　　C. 班组长能够得到上级任命，是因为他已经具备了比较高的管理水平
　　D. 作为基层管理人员，班组长的责任不是很大
6. 下列哪些属于班组长角色认知的误区（　　）。
　　A. 民意代表　　　　B. 向上错位　　　　C. 自由人　　　　　D. 职能错位
7. 班组长所具备的能力素质，就是为了完成班组长的岗位职责，在（　　）几个方面应具备的基本条件。
　　A. 知识技术　　　　B. 为人处事　　　　C. 思想观念　　　　D. 工作能力
8. 关系班组长未来发展的三项能力是（　　）。
　　A. 时间管理能力　　B. 学习力　　　　　C. 自我管理能力　　D. 专业技术能力
9. 下列哪些行为体现了班组长的班组团队建设能力（　　）。
　　A. 结合本单位和班组的实际情况培养并形成班组文化
　　B. 营造一个和谐的班组氛围，形成巨大的感召力和凝聚力
　　C. 想办法调整员工的不良情绪
　　D. 为员工搭建成长的平台，坚持以人为本，关心并尊重员工
10. 关于班组长所应具备的员工激励能力，正确的理解应该是（　　）。
　　A. 激励是用各种有效的方法激发员工的工作动机

B. 优秀的班组长要善于学习管理学中的激励理论
C. 要善于了解班组成员不同的需求，采用不同的方式激励员工
D. 有效的激励可以变"我要去做"为"要我去做"

11. 在现代社会中，企业作为社会经济的基本细胞，是企业员工（　　）的"文化机构"和人性组织。
　　A. 实现人生价值　　B. 寻求精神追求　　C. 承担社会责任　　D. 实现个人理想

12. 企业这个词，一般是指以盈利为目的，运用各种生产要素，向市场提供商品或服务，实行（　　）的法人或其他社会经济组织。
　　A. 自己管理　　B. 自负盈亏　　C. 独立核算　　D. 自主经营

13. 中国石油努力构建学习型企业，大力倡导并采取有效措施创造团队学习的氛围，做到（　　）。
　　A. 信息共享　　B. 经验共享　　C. 技术共享　　D. 知识共享

14. 企业管理，是对企业的生产经营活动进行（　　）等一系列职能的总称。
　　A. 计划　　B. 组织　　C. 指挥　　D. 协调

15. 按照管理对象划分，企业管理包括（　　）。
　　A. 人力资源管理　　B. 项目管理　　C. 资金管理　　D. 技术管理

16. 班组是油气田企业管理中（　　）的最小执行单位。
　　A. 各项制度落实　　B. 流程实施　　C. 目标实现　　D. 利润创造

17. 对班组长的角色认知是成功扮演好这一角色的先决条件，班组长要对自己所扮演角色的（　　）有清晰的认识。
　　A. 地位
　　B. 作用
　　C. 与其他社会角色的相互关系
　　D. 重要性

18. 中层管理者是企业内部信息的提供者和战略规划的支持者，其主要职责是（　　）。
　　A. 制定分项目标
　　B. 拟定和选择计划的实施方案
　　C. 协调上下级的活动
　　D. 评价组织活动成果和制定纠偏措施

19. 管理者的能力素质包括人们在思想、知识、才能等方面具备的基本条件及在思想上、工作上表现出来的态度和行为，是一定的（　　）等在人们行动上的综合反映。
　　A. 思想观念　　B. 知识技术　　C. 工作态度　　D. 身体状况

20. 班组长"理人"的能力主要包括（　　）。
　　A. 员工激励能力
　　B. 人际关系处理能力
　　C. 沟通表达能力
　　D. 班组团队建设能力

21. 1924年，美国芝加哥西部电器公司所属的一家工厂经营很不理想，为此，美国国家研究委员会经过研究，得出几个重要结论，主要包括（　　）。
　　A. 企业中存在非正式的组织
　　B. 生产效率主要取决于工人的工作态度以及他与周围人的关系
　　C. 工厂必须为工人提供完善的娱乐设施
　　D. 工人是社会的人，除了物质需求外，还有心理方面的需求

22. 有效的激励可以达到的效果有（　　）。
　　A. 可以点燃员工的工作激情　　B. 可以让员工产生超越自我和他人的愿望

C. 可以使员工将潜在的内驱力释放出来　　D. 可以削弱班组长的管理权力

23. 建立良好的人际关系的前提是人际吸引，人们可能因为彼此之间存在共同的（　　），在彼此的心理上产生共鸣。

A. 态度　　　　　　B. 信念　　　　　　C. 价值观　　　　　D. 兴趣

24. 班组长要加强班组文化建设，把班组的（　　）等这些文化层面的东西和班组生产的安全、质量等有机结合起来，形成独特的班组文化。

A. 理念　　　　　　B. 价值观　　　　　C. 利润目标　　　　D. 精神

25. 所谓自我管理，就是指个体对自己本身，对自己的（　　）等表现进行的管理，最终实现自我奋斗目标的一个过程。

A. 目标　　　　　　B. 思想　　　　　　C. 心理　　　　　　D. 行为

26. 班组长若想有更好的发展，必须要有学习力，学习能力是其中一个重要因素，学习能力主要包括（　　）。

A. 感知能力　　　　B. 记忆力　　　　　C. 思维力　　　　　D. 想象力

27. 学习力，就是（　　）三要素的总和。

A. 学习动力　　　　B. 学习毅力　　　　C. 学习能力　　　　D. 学习压力

28. 企业运营中的管理，按照职能或业务能力划分，包括（　　）。

A. 计划管理　　　　B. 生产管理　　　　C. 采购管理　　　　D. 质量管理

29. 常见的企业组织结构形式包括（　　）。

A. 直线制　　　　　B. 职能制　　　　　C. 直线职能制　　　D. 矩阵制

30. 关于班组和班组长的关系，下列表述正确的是（　　）。

A. 班组是班组长的"责任田"和"一亩三分地"

B. 班组是班组长管理技能锻炼和提高的实践基地

C. 班组是班组长的第二个家

D. 班组长在班组里拥有至高无上的权力

31. 关于班组长的成长，下列表述错误的有（　　）。

A. 班组长是一名生产一线的普通员工管理生涯的终点

B. 班组长的管理能力一般来说是与生俱来的

C. 班组长身上的责任与压力比一般员工要大

D. 班组长一般是管理岗位上因工作出色而被提拔上来的

32. 关于企业纵向管理层次，下列表述正确的是（　　）。

A. 车间主任属于管理层，负责企业计划目标的进一步细化以及制度和流程的制定

B. 董事长是决策层，负责企业战略的制定及重大决策的做出

C. 总经理属于管理层，负责企业战术的制定及一般决策的做出

D. 班组长是执行层，负责企业计划的实施和各项目标的达成

33. 关于班组长与其他角色的相互关系，下列表述错误的是（　　）。

A. 对上，班组长是上级主管领导所发出指令的决策者

B. 对下，班组长是上级主管领导自身业绩的辅助者

C. 对下，班组长是班组成员的培训师、领导者、监督者和授权者

D. 在横向上，班组长与其他班组长之间不存在竞争关系

34. 班组长要有（　　）的胸怀和气度，才能在班组产生感召力和凝聚力，创造一个和谐的班组环境，才能利于团队的团结。

　　A. 宽容大度　　　　B. 严于律己　　　　C. 宽以待人　　　　D. 与员工处处计较

35. 关于班组长的进步，下列表述错误的有（　　）。

　　A. 班组长在上任之后必须掌握一定的管理知识，具备一定的管理技能，才能胜任管理工作

　　B. 班组长一般都是已经掌握了丰富的管理知识，同时具备了相当高的管理技能的员工提拔起来的

　　C. 班组长提拔之初大多并没有掌握丰富的管理知识，也不具备相当高的管理技能

　　D. 班组长不需要掌握丰富的管理知识，也不需要具备相当高的管理技能，只要工作努力就可以提拔起来

36. 生产现场的问题有不少是突发问题，如何解决这类问题，考验的是班组长的（　　）能力。

　　A. 风险防范　　　　B. 应变　　　　C. 指挥　　　　D. 团队建设

37. 班组长要学习管理学中的激励理论，要让员工体会到自己在单位中的（　　），这样才能调动员工的工作积极性。

　　A. 重要性　　　　B. 工作的成就感　　　　C. 存在感　　　　D. 紧迫感

38. 班组长要具备自我管理能力，就是要充分认识自己的长处，将（　　）统一起来，规划好自己的人生。

　　A. 自身的优势　　　　B. 企业的需求　　　　C. 自身的短处　　　　D. 社会的需求

39. 关于班组长能力的提高，下列表述不正确的是（　　）。

　　A. 班组是基层管理人员提高管理技能的大本营，从这个角度来讲，越是问题比较多也比较复杂的班组，越不能锻炼班组长的管理技能

　　B. 班组是基层管理人员提高管理技能的大本营，从这个角度来讲，越是问题比较少也比较单纯的班组，越能锻炼班组长的管理技能

　　C. 班组是基层管理人员提高管理技能的大本营，从这个角度来讲，越是问题比较多也比较复杂的班组，越能锻炼班组长的管理技能

　　D. 班组是基层管理人员提高管理技能的大本营，从这个角度来讲，班组内问题的多少与班组长的管理技能的提升没有关系

40. 班组长对于来自员工的牢骚和不满，正确的做法是（　　）。

　　A. 要把自己当作"传话筒"，而不是"避震器"

　　B. 要把自己当作"避震器"，而不是"传话筒"

　　C. 要把来自员工的牢骚和不满转化成合理化建议

　　D. 员工的牢骚和不满经常有，不必在意，不用理睬

三、判断题（对的画√，错的画×)

（　　）1. 在油气田企业中，比较常见的一种组织结构形式是职能制。

（　　）2. 油气田企业是主营原油和天然气勘探、开发的非营利性组织。

（　　）3. 在油气田企业中，在"现场为中心"的管理模式中，"现场"位于组织内的

底部。

（　　）4. 班组是油气田企业管理中各项制度落实、流程实施和目标实现的中层执行单位。

（　　）5. 班组长的成功，主要是依靠自身的专业知识和技术能力，以及个人的付出和努力的程度，与班组员工的工作关系不大。

（　　）6. 班组长在企业中是"兵头将尾"，是不脱产的"将"，指挥一帮人的"兵"。

（　　）7. 班组长要学会关心员工，但这种关心不能破坏单位的规章制度，要让员工喜欢你，而不是尊重你。

（　　）8. 作为管理者，在企业中要学会扮演母亲在家庭中的角色，春风化雨般地关怀员工；同时还必须学会做一个严父，在员工犯错误时，进行严厉的惩罚。

（　　）9. 从企业经营的目标与核心来看，班组并不是企业实现盈利的核心。

（　　）10. 你是一个什么样的管理者并不重要，重要的是在员工眼里你是一个什么样的管理者。

（　　）11. 在班组长的角色定位中，对上，班组长是上级主管的助手、监督者和授权者。

（　　）12. 班组长要经常提醒自己作为基层管理者的身份，不要在公众场合随意发表不利于公司的言论。

（　　）13. 同级的班组长之间不可避免地存在着竞争，这不利于团队的整体业绩。

（　　）14. 班组长对于来自员工的牢骚语言和不满情绪，应该如实地向上级领导反映。

（　　）15. 员工一旦被提拔到管理岗位，就需要善于发掘自己在技术能力方面的短板。

（　　）16. 在班组长的角色定位中，对下，班组长是决策者、上级代表，也是管理者和领导者。

（　　）17. 班组长是中层管理人员的左右手，是一线员工的帮助者和支持者。

（　　）18. 一个基层管理者必须具有一定的专业知识和技术水平，成为本部门、本单位的内行，才能享有较高的威信。

（　　）19. 班组长如果遇事和员工斤斤计较，可能会影响工作，但也能激发员工的积极性和创造力。

（　　）20. 在班组长的能力方面，员工辅导能力属于"理人"的能力。

（　　）21. 班组内员工的需求是大同小异的，因此，可以采用相同的方式激励员工。

（　　）22. 班组长拥有组织赋予的岗位权力，所以可以运用这种权力去强制员工服从自己的管理。

（　　）23. 班组长能力的高低直接影响到一个企业政策与制度的落实。

（　　）24. 班组长是上级主管的代表，对战略层的精神要旨和目标任务，要内化于心，外化于行，有效督促落实。

（　　）25. 作为班组长，要试着把自己不喜欢做、不擅长做的事情交给员工去做，这样可以锻炼员工。

（　　）26. 班组长必须具备的能力素质包括自我管理能力、组织协调能力、解决问题能力、沟通表达能力等，不包括在思想上、工作上表现出来的态度和行为。

（　　）27. 在班组长的基本素质中，德与才是辩证统一的，但又有主次之分，相对于德而言，才更为重要。

（　　）28. 作为班组长，最重要的工作是抓好生产，完成上级领导交给的产量任务，没有必要也没有精力去留意员工的情绪。

（　　）29. 班组长走上管理岗位后，可以不注重提高自己的专业技术能力，而应该着重提高自己的管理能力。

（　　）30. 在生产现场经常会出现一些突发情况，这就要求班组长在平时要建立问题防范体系，尽力消除诱因的出现，在问题出现后，要及时向上级领导汇报和请示。

四、简答题

1. 班组长的职责包括哪几个方面？
2. 班组长对自身角色的认知存在哪些误区？
3. 班组长的基本素质包括哪些？
4. 班组长"管事"的能力有哪些？
5. 生产现场的问题可以分为哪两类？
6. 班组长要有宽容大度的胸怀，表现在哪几个方面？
7. 什么是角色认知？
8. 有效的激励在管理上有哪些方面的作用？
9. 班组长如何处理与其他班组长之间的关系？
10. 美国薪酬协会对能力素质的定义是什么？

第三章 班组团队建设试题

一、单项选择题（每题有4个选项，只有1个是正确的，将正确的选项填入括号内）

1. 团队成员之间的（　　）是有效团队的必要条件和显著特征。
   A. 共同目标　　　　B. 共同信念　　　　C. 相互信任　　　　D. 良好的沟通
2. 团队是（　　）群体。
   A. 在一定规则约束下的、由两个以上个体所组成的
   B. 为了实现共同的目标和任务，由相互协作的两个以上个体所组成的
   C. 由某些组织根据需要搭建组成的
   D. 固定的、正式的，两个以上个体所组成的
3. （　　）通常由10~15人组成，他们承担着从前自己上级的一些工作责任。
   A. 命令型团队　　　B. 任务型团队　　　C. 自我管理型团队　　D. 多功能团队
4. 班组长在带团队的过程中，如果团队在形成期有清晰的（　　），它就会有努力的方向，并能够在后续发展阶段帮助新加入的成员融入团队。
   A. 目标　　　　　　B. 制约因素　　　　C. 领导力　　　　　　D. 规则
5. （　　）是企业组织生产经营活动中的基层单位，是企业的基础生产管理组织。
   A. 班组　　　　　　B. 井区　　　　　　C. 组织　　　　　　　D. 团队
6. 班组长在日常管理中要认识到，我国的管理思想崇尚的是（　　）。
   A. 人本位　　　　　B. 神本位　　　　　C. 权本位　　　　　　D. 钱本位
7. 班组长管理班组不能一味照搬书本，尤其对于西方的管理理念，需要从（　　）开始。
   A. 理论的运用　　　B. 观念的调整　　　C. 实际的行动　　　　D. 团结的程度
8. 班组这个团队的力量体现于（　　）。
   A. 绝对的协同一致　B. 高度的协同一致　C. 相对的协同一致　　D. 高度的观点一致
9. 现代的科学管理所强调的明确分工，实际上对于团队高度的协同一致（　　）。
   A. 有一定的正面影响　B. 有一定的负面影响　C. 没有影响　　　　D. 以上答案都不对
10. 王站长所在的团队中，成员之间互不信任。当遇到突发情况时，有的十分焦虑，有的表现得局促不安，这让他感觉很头疼。据此判断，您认为此团队正处于（　　）。
    A. 动荡期　　　　　B. 规范期　　　　　C. 高产期　　　　　　D. 成立期
11. 李磊在班组管理中，经常调度安排工作，就像管弦乐队的指挥，根据角色理论，他在班组中的角色应该是（　　）。
    A. 谋士　　　　　　B. 实施者　　　　　C. 协调者　　　　　　D. 领导者

12. 小黄所在的班组内经常发生冲突。为了改变这种状况，小黄倡导冲突发生时大家采取（　　）的行为方式来解决。这种方法可以得到最好的解决结果和很高的团队承诺，但可能比较耗时。

  A. 协商　　　　B. 对抗　　　　C. 折中　　　　D. 迁就

13. 高班长的工作量很大，每天都要加班到很晚，因此他决定给组员更多的授权。下面关于授权的说法不正确的是（　　）。

  A. 对授权过的工作无论怎样都不宜过问

  B. 挑选合适的人授权

  C. 给予自主权，确保下属获得完成任务所需的权力和资源

  D. 明确授权的目的是发展而不是转嫁责任

14. 班组要想有效地开展计划，必须获取所需的资源，通常所说的资源不包括（　　）。

  A. 人力　　　　B. 财力　　　　C. 设施　　　　D. 文化

15. 下列关于团队能力与领导方式的说法正确的是（　　）。

  A. 团队能力低下，需要很多指令，但不需要较多支持

  B. 团队能够胜任，需要很多指令来指导团队

  C. 团队能够胜任，需要很多支持来支持团队

  D. 团队能力低下，需要发出指令，给予具体的指导和严密的监控

16. 下列关于班组长在使用权力时要注意戒律，表述错误的是（　　）。

  A. 权力可以用来激励　　　　　　B. 不能随心所欲使用权力

  C. 权力不能产生认同　　　　　　D. 权力对下属的影响有限

17. 下列选项中，不利于班组长建立影响力的规则是（　　）。

  A. 保持一颗"公心"　　　　　　B. 较强的业务能力

  C. 良好的亲和力　　　　　　　　D. 时刻提升自己的威严

18. 大雁南飞呈人字形排列的原因是（　　）。

  A. 可以增加阻力　　　　　　　　B. 使头雁借助其他大雁的力量飞行

  C. 使每一只大雁都能借力飞行　　D. 使除头雁外其他大雁都能借力飞行

19. 下列关于班组合作重要性的理解错误的是（　　）。

  A. 一定程度上说，合作关系着每个人的生存

  B. 合作精神应该是领导们、主管们关心的事

  C. 合作精神是一种团队精神

  D. 有无团队精神，关系着自己的生存荣辱，应该是每个人的命题

20. 李琦领导着一个优秀的班组，像这种高效的团队都具有多种相似的特征，下列哪一条不属于它的特征（　　）。

  A. 广泛的技能和经验　B. 有能力超强的人　C. 公开交流　　　D. 信任和支持

21. 班组成员如果不合作，即使能赢，也是（　　）居多。

  A. 双赢　　　　B. 一个人赢　　C. 多赢　　　　D. 双赢或者多赢

22. 班组长带队伍的过程中要重视团队成员间的（　　）。

  A. 对立　　　　B. 竞争　　　　C. 辅助　　　　D. 抵触

23. 班组制度在团队建设中的作用不包括（　　）。

  A. 充分发挥个人影响力　　　　　B. 使班组高效运作

C. 减少人情，增强执行　　　　　　　　D. 为约束人而存在

24. 下列不属于企业班组团队目标管理方法的是（　　）。
    A. 正确的目标　　B. 资金的投入　　C. 不变的态度　　D. 目标的细化

25. 有的人年年定目标，月月定目标，反反复复，却未能实现。这时班组长要带领大家查找原因，主要看（　　）。
    A. 是否只靠自己的力量
    B. 自己是不是有偷懒现象
    C. 自己的目标是不是靠他人力量实现
    D. 自己的目标是不是契合集体，是不是在集体大目标之下

26. 下列对于"只有合作才能够实现1+1>2"的理解不正确的是（　　）。
    A. 如果不合作，1 就是 1　　　　　　B. 只有合作，才能够实现 1+1>2
    C. 如果不合作，2 就是 2　　　　　　D. 只要合作，就一定能够实现 1+1>2

27. 班组内处于怠工状态的员工特点不包括（　　）。
    A. 眼里只有自己　　B. 恃才傲物　　C. 自命不凡　　D. 相信他人

28. 判断一个班组团队优劣的标准，要看它（　　）。
    A. 是否赢得了领导信任　　　　　　B. 是否赢得了最大利润
    C. 是否赢得了少数人的认可　　　　D. 是否赢得了多数人的赞美

29. 要想有效建立班组团队，必须明确团队成熟度发展阶段，第一阶段是（　　）。
    A. 成立期　　B. 动荡期　　C. 规范期　　D. 衰败期

30. 对于一个有着正确价值观的企业来说，一个员工的德就是（　　）。
    A. 敬业精神　　　　　　　　　　　　B. 专业素质
    C. 个人品德　　　　　　　　　　　　D. 认同企业的价值观

31. 创建优秀团队的关键一步是（　　）。
    A. 选择优秀的决策　　B. 选择优秀的领导　　C. 选择优秀的成员　　D. 流程

32. 团队之所以称为一个团队是因为有一个共同的（　　）。
    A. 利益和相类似的工作　　　　　　B. 工作和相类似的环境
    C. 环境和相类似的工作经历　　　　D. 追求和相类似的价值观

33. 团队的主要特征不包括（　　）。
    A. 目标一致　　B. 彼此协助　　C. 技能互补　　D. 人数较多

34. 班组内的党工团工作是以（　　）为核心，以工团为平台和载体，形成的以关心帮助员工成长、成才，构建团队和谐氛围为基础的组织体系。
    A. 团建　　B. 党课　　C. 三会　　D. 党建

35. 企业班组这个团队建设的关键是（　　）。
    A. 使命和价值观　　B. 文化和培训　　C. 学习和运用　　D. 管理和习惯

36. 日常岗位练兵、"师带徒"培训、送外培训、远程培训等方式都属于员工技能培训的（　　）。
    A. 岗前培训　　B. 在岗培训　　C. 任职培训　　D. 晋升培训

37. 新员工入厂培训、轮岗培训及岗位变更培训等都属于员工技能培训的（　　）。
    A. 岗前培训　　B. 在岗培训　　C. 任职培训　　D. 晋升培训

38. 针对班组成员的短板，进行分类别培训，通过选择正确的培训内容，因需施训，激发参与热情，增强培训效果，这是员工技能培训的关键（　　）。
　　A. 要素　　　　　　B. 问题　　　　　　C. 环节　　　　　　D. 枢纽
39. 把班组绩效考核分为日常考评与定期考评，是按照（　　）来分类的。
　　A. 考评主体　　　　B. 考评客体　　　　C. 考评工具　　　　D. 考评时间
40. 把班组绩效考核分为直线考评、自我考评、同事考评，是按照（　　）来分类的。
　　A. 考评主体　　　　B. 考评客体　　　　C. 考评工具　　　　D. 考评时间
41. 西南油气田公司某作业区在班组组织建设过程中总结出的"4311"班组管理模式，建立了管理制度，规范了（　　），形成了一套高效的管理模式。
　　A. 思想观念　　　　B. 行为习惯　　　　C. 道德意识　　　　D. 观念行为
42. 班组建设的"双选"是一种建立在以人为本基础上，以择优选配为基础的良性的竞争机制，它牢牢把握住了班组长这个（　　），通过激发班组长的能动性，发挥班组长的感召力，撬动并带动了整个团队的活力。
　　A. "枢纽"　　　　　B. "节点"　　　　　C. "核心"　　　　　D. "支点"
43. （　　）就是达成目标的能力，作为生产最前沿的班组，执行是其最根本的使命。
　　A. 影响力　　　　　B. 整合力　　　　　C. 执行力　　　　　D. 教育力
44. 团队与群体是不一样的，群体可以因为事项而聚集到一起；而团队则不仅有着共同的目标，而且渗透着一种（　　），所以建设一个团队并不是一件容易的事。
　　A. 团队精神　　　　B. 团队意识　　　　C. 团队目标　　　　D. 团队协作
45. 传统组织只是规定完成任务，没有符合理想、认同感较强的业绩目标，做法显得冷硬，而团队则注重和谐的（　　）。
　　A. 团队关系　　　　B. 团队文化　　　　C. 氛围营造　　　　D. 团队效果
46. 团队成员间相互关心、相互帮助，不用把时间花在怎样界定责任上，能进一步节省内耗，这样团队成员的通力合作可以提高组织（　　）。
　　A. 效率　　　　　　B. 效果　　　　　　C. 形象　　　　　　D. 影响
47. 以下关于团队合作特点的描述，错误的是（　　）。
　　A. 以有效沟通为桥梁　　　　　　　　B. 以共同目标为纽带
　　C. 以强制合作为基础　　　　　　　　D. 以优势互补为手段
48. 团队建设分工中最重要的是（　　）。
　　A. 学历　　　　　　B. 德行　　　　　　C. 协作　　　　　　D. 能力
49. 建立班组制度主要是用以规范人的行为、提高人的素质，制度内容要权责分明、目标清晰、措施具体、奖惩得当，做到规范化管理和（　　）管理的有机结合。
　　A. 人格化　　　　　B. 人性化　　　　　C. 灵活化　　　　　D. 职业化
50. 制度建设的目的是要最终形成一套有效的、实用的、保证执行的制度作为班组（　　）。
　　A. 管理基础　　　　B. 管理关键　　　　C. 管理要点　　　　D. 管理要素
51. 班组是企业组织生产经营活动中的基层单位，符合企业扁平化架构的三个维度是（　　）。
　　A. 决策层、管理层、执行层　　　　　B. 员工、主管、高管

C. 员工、经理、班组长　　　　　　　D. 员工、班长、副班长

52. 在班组这个组织中，载体要素是（　　）。
 A. 人员　　　　B. 共同目标　　　　C. 结构　　　　D. 管理

53. 在班组这个组织中，前提要素是（　　）。
 A. 人员　　　　B. 共同目标　　　　C. 结构　　　　D. 管理

54. 在班组这个组织中，基本要素是（　　）。
 A. 人员　　　　B. 共同目标　　　　C. 结构　　　　D. 管理

55. 在班组这个组织中，构成要素是（　　）。
 A. 人员　　　　B. 共同目标　　　　C. 结构　　　　D. 管理

56. （　　）是为了实现某些特定的目标，在社会分工合作的基础上构成的人的集合。这样的集合并不是简单的毫无关联的个人加总，而是人们为了实现一定的目的，有意识协同劳动而产生的群体。
 A. 组织　　　　B. 团队　　　　C. 集体　　　　D. 团伙

57. 法国农业工程师林格曼曾经设计了一个引人深思的拉绳实验，发现出现了 1+1<2 的情况，这是集体工作时存在的一个普遍特征，这种"社会浪费"背后的作祟者是（　　）。
 A. 行动　　　　B. 人情　　　　C. 人脉　　　　D. 人心

58. 下列选项中不是不合作的表现的是（　　）。
 A. 明哲保身　　B. 怕担责任　　C. 有成就感　　D. 爱发牢骚

59. 下列选项中，不属于团队建设权力特点的是（　　）。
 A. 强制性　　　B. 激励性　　　C. 潜在性　　　D. 职权性

60. 团队合作中最重要的因素是（　　）。
 A. 沟通能力　　B. 个人技能　　C. 技术知识　　D. 创新知识

二、多项选择题（每题有4个选项，至少有2个是正确的，将正确的选项填入括号内）

1. 团队领导者作用至关重要，其作用主要体现在（　　）。
 A. 领导者的执行能力
 B. 向成员阐明变革的可能性
 C. 为团队指明发展方向
 D. 鼓舞团队成员的自信心，帮助他们了解自身的潜力

2. 团队形成和发展大致要经历成立期、（　　）。
 A. 动荡期　　　B. 规范期　　　C. 高产期　　　D. 哀痛期

3. 班组通过团队建设，能够在较短的时间内（　　）。
 A. 增强组织的凝聚力
 B. 迅速有效地解决一些发展过程中新出现的问题
 C. 推行新的工作方法
 D. 提高团队成员的整体素质

4. 一个班组要从一项完整的团队合作活动中获得进步，需要（　　）。
 A. 无视失败的经历，下一次又重蹈覆辙
 B. 通过他们成功的水平来衡量他们的成绩
 C. 看看活动目标是否明确
 D. 搞清楚哪些制约因素是真实的，哪一些是想象中的

5. 面对新经济形势下的竞争压力，传统的组织管理远远不能满足人尽其才、才尽其用

的需要。而班组这种有着（　　）、成员间心理上（　　）、行动上（　　）的团队恰巧弥补了组织的不足。

A. 共同目标　　　　B. 彼此依存　　　　C. 保持一致　　　　D. 协调发展

6. 李琦领导着一个优秀的班组，像这种高效的团队都具有（　　）等多种相似的特征。

A. 广泛的技能和经验　　　　　　　B. 能力超强的人
C. 公开交流　　　　　　　　　　　D. 信任和支持

7. 下列选项属于企业班组团队目标管理的方法的是（　　）。

A. 正确的目标　　B. 资金的投入　　C. 不变的态度　　D. 目标的细化

8. 关于班组长在使用权力时要注意的戒律，表述正确的是（　　）。

A. 权力可以用来激励　　　　　　　B. 不能随心所欲使用权力
C. 权力不能产生认同　　　　　　　D. 权力对下属的影响有限

9. 下列选项中，有利于班组长建立影响力的规则是（　　）。

A. 保持一颗"公心"　　　　　　　　B. 较强的业务能力
C. 良好的亲和力　　　　　　　　　D. 时刻提升自己的威严

10. 制度在团队建设中的作用包括（　　）。

A. 充分发挥个人影响力　　　　　　B. 制度必须务实
C. 减少人情，增加执行　　　　　　D. 为约束人而存在

11. 下列选项中，属于团队建设权力特点的是（　　）。

A. 强制性　　　　B. 激励性　　　　C. 潜在性　　　　D. 职权性

12. 下列选项中，关于班组合作重要性的理解正确的是（　　）。

A. 一定程度上说，合作是关系到每个人的生存之道
B. 合作精神应该是老总们、主管们关心的事
C. 合作精神是一种团队精神
D. 有无团队精神，关系着自己的生存荣辱，应该是每个人的命题

13. 法国农业工程师林格曼曾经设计了一个引人深思的拉绳实验，发现出现了1+1<2的情况，这是集体工作时存在的一个普遍特征，不属于产生这种"社会浪费"现象的原因是（　　）。

A. 行动　　　　　B. 人情　　　　　C. 人脉　　　　　D. 人心

14. 班组长带队伍的过程中要避免团队成员间的（　　）。

A. 对立　　　　　B. 恶意竞争　　　C. 辅助　　　　　D. 抵触

15. 下列选项属于班组制度建设的特点的有（　　）。

A. 权威性　　　　B. 约束性　　　　C. 针对性　　　　D. 实用性

16. 下列选项中，属于班组制度建设的内容的是（　　）。

A. 岗位责任　　　B. 安全生产　　　C. 绩效考核　　　D. 学习培训

17. 下列选项中，属于班组制度建设的内容的是（　　）。

A. 绩效考核　　　B. 民主评议　　　C. 学习培训　　　D. 班务管理

18. 班组组织建设，可以使企业的管理根基得以持续夯实，最终带来企业安全、质量、成本、效率改善或提升。这主要通过（　　）等方式，使班组成为规范、高效的作业单元。

A. 设备建设　　　B. 队伍建设　　　C. 制度建设　　　D. 工团建设

19. 抓好班组长队伍的建设，是搞好班组建设，提升企业管理水平的关键。班组长素质能力要求应该有（   ）。
    A. 思想素质好　　　B. 业务技能精　　　C. 组织协调能力强　　D. 管住人员思想
20. 在现代企业中，班组长的作用极为重要，班组长选拔方式可以采取（   ）。
    A. 排序优选　　　　B. 竞聘　　　　　　C. 公推直选　　　　　D. 排资论辈
21. 团队成长阶段目标的实现形式有（   ）。
    A. 培养团队精神　　　　　　　　　　　B. 发展团队工作能力
    C. 发展团队规范　　　　　　　　　　　D. 发展团队信任气氛
22. 打造高绩效团队，形成积极的合作，需要（   ）。
    A. 同等的机会　　　B. 卓越的领导　　　C. 进行必要的培训　　D. 高效的执行力
23. 班组队伍建设的目的在于营造团结向上的班组氛围，打造有战斗力、有凝聚力的工作集体，它包含（   ）三个方面的内容。
    A. 目标设立　　　　B. 绩效管理　　　　C. 技能培训　　　　　D. 思想教育
24. 班组党建具体内容包含（   ）。
    A. 参与或召开支部党员大会、党小组会
    B. 协助党支部、党小组开展党内各项活动
    C. 加强党员的教育和管理
    D. 进行思想管控
25. 班组队伍建设中思想教育的主要内容有（   ）。
    A. "形势、目标、任务、责任"主题教育　　B. 安全教育
    C. 廉洁从业教育　　　　　　　　　　　　D. 科学文化和业务知识教育
26. 班组队伍建设中思想教育的主要内容有（   ）。
    A. 安全教育　　　　　　　　　　　　　B. 职业道德教育和保密守纪教育
    C. 世界观、人生观、价值观教育　　　　D. 社会主义民主和法制教育
27. 员工技能培训是班组建设的一项重点工作。它的指导思想是（   ）。
    A. 全面培训　　　　B. 全员参与　　　　C. 重点培养　　　　　D. 务求实效
28. 员工技能培训的目的是增强企业整体的竞争力，按照培训的形式划分为（   ）。
    A. 岗前培训　　　　B. 岗位培训　　　　C. 师带徒　　　　　　D. 问题解决
29. 班组绩效管理是一种针对员工的科学的评议考核指标体系，体现着"以人为本"的思想，包含（   ）环节。
    A. 绩效计划　　　　B. 绩效辅导　　　　C. 绩效考核　　　　　D. 绩效反馈
30. 以下各项属于班组绩效考核的作用的是（   ）。
    A. 帮助班组长提高管理水平，减轻管理压力
    B. 使每名员工明确自己的工作重点、工作目标与方向
    C. 提出合理化建议
    D. 取得"五小成果"
31. 班组自主管理的意义在于班组成员成为管理的主体，（   ），自觉按照标准干，跟着程序走。
    A. 不靠教育　　　　B. 不靠辅导　　　　C. 不靠检查　　　　　D. 不靠监督

32. 班组建设一旦进入自主管理阶段就能促使班组各项工作步入有机协调、（   ）的良性循环阶段。

　　A. 有章可循　　　　B. 结构合理　　　　C. 运转高效　　　　D. 全面结果

33. 班组建设中的"软管理"，是指凡事大家商量着来，都有（　　），有效践行民主集中制。

　　A. 发言权　　　　　B. 建议权　　　　　C. 自主权　　　　　D. 民主权

34. 以下体现团队作用的是（　　）。

　　A. 团队成员的通力合作可以提高组织效率　　B. 团队的协同合作有利于资源共享

　　C. 提高决策能力　　　　　　　　　　　　　D. 仗势欺人

35. 下列选项属于团队要素的是（　　）。

　　A. 共同目标　　　　　　　　　　　　　　　B. 成员间相互依赖、默契关心

　　C. 强烈的责任心　　　　　　　　　　　　　D. 钩心斗角

36. 下列选项属于构建高效班组，提高核心竞争力举措的是（　　）。

　　A. 用精神指引，加强班组文化建设　　　　　B. 凭氛围感染，加强班组组织建设

　　C. 借制度规范，加强班组制度建设　　　　　D. 让目标引航，加强班组业务建设

37. 心理学家马斯洛说过杰出团队的显著特征，便是具有共同的愿景与目标。共同愿景是团队和组织的（　　）。

　　A. 旗帜　　　　　　B. 灵魂　　　　　　C. 关键　　　　　　D. 节点

38. 俗话说没有规矩无法成方圆，车子不按照车道驾驶，马路上就会一片混乱。建立良好团队关系及树立规范的能力是班组长的首要能力。班组长可以使用的技巧有（　　）。

　　A. 任意奖罚　　　　B. 沟通协调　　　　C. 任务分配　　　　D. 目标设定

39. 作为班组长，要率先垂范，以身作则，给下属树立一个好的榜样。要做到这些就需要班组长（　　）。

　　A. 不断学习，跟上潮流　　　　　　　　　　B. 树立以人为本的理念

　　C. 抓住重点统筹安排　　　　　　　　　　　D. 团结骨干、依靠群众

40. 班组长塑造班组团队精神，就是让班组每个成员保持整体的（　　），提高班组的凝聚力。

　　A. 一致性　　　　　B. 协调性　　　　　C. 稳定性　　　　　D. 规范性

三、判断题（对的画√，错的画×）

（　　）1. 班组是企业组织生产经营活动中的基层单位，是企业的基础生产管理组织。

（　　）2. 组织的构成要素是人，组织的基本要素是结构，组织的前提要素是管理，组织的载体要素是共同目标。

（　　）3. 班组长选拔采取指定、竞聘、公推直选等方式。

（　　）4. 班组制度建设的特点是权威性、约束性、针对性、实用性、可操作性。

（　　）5. 青团工作是以党建为核心，以工团为平台和载体，形成的以关心帮助员工成长、成才，构建团队和谐氛围为基础的组织体系。

（　　）6. 班组党建具体内容包括参与或召开支部党员大会、党小组会；协助党支部、党小组开展党内各项活动；加强党员的教育和管理。

(   ) 7. 企业群团组织是各自所联系群众利益的代表者和维护者，是党联系群众的桥梁和纽带。

(   ) 8. 班组队伍建设的目的在于营造利益至上的班组氛围，打造有战斗力、有凝聚力的工作集体。

(   ) 9. 政治工作是思想教育的重要组成部分，它是依据人们思想和行为变化的规律，用先进的理论教育人、说服人，使之转变思想和行为，提高思想素质的实践活动。

(   ) 10. 技能培训的基本任务在于引导和调动班组成员的主观能动性和工作积极性，使班组成员团结协作，均衡有效进行生产管理。

(   ) 11. 员工技能培训的目的就是建立结构合理、素质较高的员工队伍，充分发挥各类人才的积极性、主动性和创造性，从而增强企业的整体竞争力。

(   ) 12. 绩效管理是一种针对员工的科学的评议考核指标体系，它强调组织目标和个人目标的阶段性，强调组织和个人分阶段成长。

(   ) 13. 绩效考核方式按考评时间分类，可分为直线考评、自我考评、同事考评。

(   ) 14. 班组自主管理是一种全员自我约束、自我控制、自我管理、自我完善的管理方法。

(   ) 15. 一个班组只有形成一个密不可分的团队，使内部的人际、工作之间维持着良好的关系，遇到困难才能团结在一起，共同克服挑战。

(   ) 16. 进行班组人员配置时，要确保每个成员的工作量，适当扩大工作范围，有充分的工作负荷。

(   ) 17. "双选"机制是一种行之有效的班组人员配置方式。

(   ) 18. 班组员工的执行力建设，目的是建立结构合理、素质较高的员工队伍，充分发挥各类人才的积极性、主动性和创造性，从而增强企业的整体竞争力。

(   ) 19. 团队等同于群体，是一群志同道合的伙伴互相协作、彼此鼓励，直至实现共赢。

(   ) 20. 团队是由两个或两个以上的人组成的共同体，合理利用每一个成员的知识和技能协同工作，解决问题，实现共同的目标。

(   ) 21. 团队的整体绩效要小于团队各个成员个人绩效之和，这是团队的基本特征，也是团队存在的原因与结果。

(   ) 22. 团队中的每个个体必须完美，才能保证团队的完美。

(   ) 23. 在一个高效、出色的领导团队中，领导者要注意相互沟通、学会协调、相互配合、学会主动补位。

(   ) 24. 班组长塑造班组团队精神，就是让班组每个成员保持整体的一致性、协调性，提高班组的凝聚力。

(   ) 25. 班组建设中，应坚持以人为本，努力形成员工关系和谐、工作协调、互助互爱的良好氛围，创建和谐型班组。

(   ) 26. 杰出团队的显著特征，便是具有共同的愿景与目标。

(   ) 27. 班组长必须围绕员工的个人目标形成团队的目标。

(   ) 28. 领导者想要与下属之间保持亲和力，就需要把所有的事情都告知下属。

(   ) 29. 在一个互信的班组中，员工更愿意分享自己真实的想法和感受，同时人与人之间也能够彼此接纳，相互鼓励与分享。

（　　）30. 班组长既是组织者又是劳动者，所以班组长既应该是技术骨干，又应该是业务多面手。

四、简答题

1. 简述班组党建的具体内容。
2. 简述班组群团建设基本内容。
3. 简述班组团队的作用。
4. 简述团队的要素。
5. 简述班组团队建设的成熟度。
6. 简述构建高效班组，提高核心竞争力的举措。
7. 简述团队精神的培养方法。
8. 简述"4311"班组管理模式。
9. 简述班组自主管理的意义。
10. 简述班组制度建设的特点和内容。

第四章

班组有效沟通试题

一、单项选择题（每题有4个选项，只有1个是正确的，将正确的选项填入括号内）

1. 一秀才买柴，对着担柴的老人家曰："荷薪者来。"卖柴者因"来"字明白，担到面前。问曰："其价几何？"因"价"字明白，说了价钱。秀才曰："外实而内虚，烟多而焰少，请损之。"卖柴者不知说甚，荷柴而去。这段话属于沟通障碍中的（　　）障碍。
   A. 信息发出者　　　B. 信息接收者　　　C. 沟通渠道　　　D. 沟通反馈

2. （　　）是班组成员进行思想交流、增进了解、取得信任的一种交流活动。
   A. 沟通　　　　　　B. 信任　　　　　　C. 组织　　　　　D. 团队

3. 日本企业内上级给下属员工布置工作，至少要让对方说5遍。这就构成了信息交流的双向沟通，它属于沟通过程中的（　　）环节。
   A. 反馈　　　　　　B. 沟通　　　　　　C. 理解　　　　　D. 传递

4. 某采油厂九队的李师傅一天值夜班，听到一口井出现刺耳的声响，马上和队里值班领导进行沟通。值班人员及时赶到现场经查看是杆断掉到井里，井内有严重的回压波动，才发出不正常的声音。根据判断结果，马上停井关了生产阀门。由于沟通及时，结果油喷出不多，没有造成大面积的污染事故。队里就此事不但表扬了李师傅，并且还奖励了他，老大哥开心地笑了。这充分说明（　　）的必要性。
   A. 及时沟通　　　　B. 事后沟通　　　　C. 不能欺瞒　　　D. 相互理解

5. 沟通有一种潜意识，它占的比重为（　　），也就是说有效的沟通必须建立在有感情、真诚的基础上。
   A. 90%　　　　　　B. 70%　　　　　　C. 88%　　　　　D. 99%

6. 有效沟通的策略之一是事先准备。这就需要事先要有清晰的沟通主线，明确的沟通（　　）。
   A. 主题　　　　　　B. 对象　　　　　　C. 方法　　　　　D. 渠道

7. 有效沟通中阐述观点时要开宗明义，要坚持一个非常重要的原则，即（　　）原则。
   A. FAB　　　　　　B. SMART　　　　　C. KISS　　　　　D. FBA

8. 日本名将石田三成未成名之前在观音寺谋生。一天，幕府将军丰臣秀吉口渴到寺中求茶，石田三成在倒茶时，奉上的第一杯茶是大碗的温茶；第二杯是中碗稍热的茶；第三杯奉上一小碗热茶。丰臣秀吉不解其意，石田解释说：这第一杯大碗温茶是为解渴的，所以温度要适当，量也要大；第二杯用中碗的热茶，是因为已经喝了一大碗不会太渴了，稍带有品茗之意，所以温度要稍热，量也要小些；第三杯，则不为解渴，纯粹是为了品茗，所以要奉上小碗的热茶。丰臣秀吉被石田三成的体贴入微深深打动，于是将其选在自己幕下，使得石田三成成为一代名将。这个案例告诉我们（　　）。

A. 做个有心机的人更容易成功　　　B. 机会隐藏在细节之中
C. 投其所好机会更多　　　　　　　D. 踏实工作机会更多

9. 美国汽车推销之王乔·吉拉德一次向某位名人推荐了一种最好的车型。那人对车很满意，眼看就要成交了，对方却突然变卦而去。乔百思不得其解，忍不住打电话给那人探究原因。对方告诉他："实话实说吧，小伙子，今天下午你根本没有用心听我说话。就在签字之前，我提到我的儿子吉米即将进入密执安大学读医科，我还提到他的学科成绩、运动能力以及他将来的抱负，我以他为荣，但是你毫无反应。"由此可见乔失败的主要原因是没有（　　）。

A. 用心听讲　　　B. 用心沟通　　　C. 用心谋算　　　D. 用心表达

10. 班组管理中的有效沟通要求对人热情体贴入微，精通专业技术，能抓住对方的（　　）需求，满足对方的真实需要。

A. 心理　　　B. 生理　　　C. 情感　　　D. 道德

11. 沟通的四个原则包括准确性、及时性、完整性、（　　）。

A. 巧妙性　　　B. 原则性　　　C. 尊重性　　　D. 礼节性

12. 沟通是班组成员进行思想交流、增进了解、取得信任的一种（　　）活动。

A. 交际　　　B. 往来　　　C. 交流　　　D. 利益

13. 仪表，即一个人的外部表情，是人们提升交往水平的外在形式。这种形式主要通过人的容貌、举止、姿态、风度等展示个人的沟通技巧和（　　）。

A. 美术　　　B. 科学　　　C. 技术　　　D. 艺术

14. 员工上班时间应该穿着符合岗位规定的工作装、工作鞋，还要戴安全帽，衣扣要扣紧，不能敞袖，不能挽袖，不能穿拖鞋、高跟鞋、短裤和背心等不符合场景的服装，给对方留下一个好印象。这样才符合班组迎检时仪表规范中（　　）的原则。

A. 整洁　　　B. 干净　　　C. 卫生　　　D. 整齐

15. 班组迎检时沟通自然大方，才能显出你的风度和能力。这符合班组迎检时仪表规范中（　　）的原则。

A. 自信　　　B. 自然　　　C. 自如　　　D. 自负

16. 班组迎检时要善于跟交谈对象互动，让对方能听懂你说的话，并且及时反馈。这样做符合仪表规范中（　　）的原则。

A. 互动　　　B. 互信　　　C. 互帮　　　D. 互助

17. 古人云，腹有诗书气自华。一个人举止动作实际上是教养、风度和魅力的问题。举止动作要美观、规范，特别是沟通时的手势动作要自然、（　　）。

A. 自信　　　B. 优雅　　　C. 自如　　　D. 自在

18. 一般交往时特别忌讳"一指禅"，不要用一个指头指别人；引路时，要（　　）并拢，稍有弯曲，要符合工作和沟通的场景。

A. 五指　　　B. 四指　　　C. 两指　　　D. 手掌

19. 迎检或有外来访客时，难免会有不同身份、不同性别、不同年龄段的人出现，如何介绍自己、如何介绍他人，这就要求班组员工要有一定的（　　）礼仪知识。

A. 公共　　　B. 介绍　　　C. 社交　　　D. 商务

20. 介绍礼仪基本上分为两类，分别为自我介绍和介绍（　　）。
   A. 第三方　　　　B. 对方　　　　C. 他人　　　　D. 甲方

21. 自我介绍的时间最多不宜超过2分钟，介绍时，应目视对方或大家，表情要亲切坦然，五指伸直并拢，用手掌按自己的（　　）。
   A. 左胸　　　　B. 右胸　　　　C. 左臂　　　　D. 右臂

22. 握手礼仪，一般在见面、祝贺、慰问、告别等情况下使用。握手时，手要洁净、干燥和温暖。先问候再握手。伸出右手，手掌呈垂直状态，五指并用，握手（　　）秒左右。
   A. 5　　　　　B. 4　　　　　C. 3　　　　　D. 2

23. 握手礼仪规范要求与多人握手时，遵循先尊后卑、先长后幼、先女后男的原则。若戴手套，先脱手套再握手，切忌戴着手套握手或握完手后擦手，尤其注意与信仰伊斯兰教的人握手时不要用（　　）握手。
   A. 右手　　　　B. 双手　　　　C. 不洁手　　　D. 左手

24. 下属在与领导相处时，如何才能把握好分寸，是每个班组长在工作中所面临的一个最现实的问题。下列选项中把握好尺度的是（　　）。
   A. 王站长每次都能以职责为先，处理好上与下的关系
   B. 李站长工作面前以利益为先，处理好进与退的关系
   C. 区站长遇到问题以灵活为先，处理好远与近的关系
   D. 方站长任劳任怨从不计较，以实干为先，处理好好与坏的关系

25. 班组长的形象，从下属那里可以反映出来，如果你想有一个好的领导形象，就必须从平时的一言一行到对工作的负责态度以及对下属无微不至的关心做起。这就需要班站长（　　）。
   A. 用权力压迫下属　　　　　　　B. 滥用私权
   C. 任人唯亲　　　　　　　　　　D. 树立良好的个人形象

26. 班组长批评下属要有诚意、不能轻视被批评者、不可以权压人、不可任意发脾气、不可背后批评人，要做到这些方面就需要端正（　　）。
   A. 动机　　　　B. 意识　　　　C. 态度　　　　D. 观念

27. （　　）比赞同具有更深刻的内涵，饱含着领导者由对下属人格、工作能力等的信任而生发的对下属的无限期望，期望下属有更出色的表现，承担更有挑战性的工作，负更多的责任，这无疑会对下属产生极大的激励作用。
   A. 认可　　　　B. 批评　　　　C. 奖励　　　　D. 鼓励

28. 批评是推动工作的武器，也是班组长在工作中经常使用的行之有效的一种管理方法，而批评艺术，将直接关系到批评效果，所以要讲究批评艺术，尤其批评内容要（　　）。
   A. 客观　　　　B. 真实　　　　C. 动情　　　　D. 感人

29. 关于班组长与上级沟通的技巧，下列做法错误的是（　　）。
   A. 言简意赅　　B. 及时记录　　C. 选择时机　　D. 多用模棱两可的词

30. 班组长常用的沟通方式有班前会议、口头汇报、（　　）。
   A. 三交三查　　B. 三会一课　　C. 口头指挥　　D. 定期汇报

31. 同事关系不同于亲友关系，它不是以亲情为纽带的社会关系，而是以工作为纽带的，一旦失礼，创伤难以愈合。所以，班组长处理好与同事之间的关系，最重要的是（　　）

对方。

  A. 尊重   B. 理解   C. 了解   D. 关心

32. 没有什么比（ ）一个人更能获得人的心。李班长看到新入职的小王请教老师傅时马上说："小王，我发现你在休息时向老员工耐心咨询业务，这让我很开心，（停顿）如果新员工都像你一样好学，你们很快就可以通过考试上岗了。"

  A. 赞扬   B. 批评   C. 忽悠   D. 认同

33. 班组长要能辨别出是领导的一时快语还是真正的命令，听清楚让谁、在哪个地方、做什么、怎么做、什么时间做、做到什么程度，以提高沟通效率。这需要班站长善于（ ）。

  A. 领会意图 B. 聆听命令 C. 察言观色 D. 巧言令色

34. 班组长应该毫无怨言地接受任务，让上级满意；接受批评，不犯二次错误，让上级省事。这就需要做到（ ）。

  A. 主动与上级进行沟通   B. 把自己的优点展示出来
  C. 坚决执行上级的决定   D. 了解上级

35. 班组长应该努力学习充实自己，了解上级的语言、性格，准确及时明白领导的意图，让上司轻松。这就需要做到（ ）。

  A. 主动与上级进行沟通   B. 把自己的优点展示出来
  C. 坚决执行上级的决定   D. 了解上级

36. 班组长应该主动报告你的工作进度，让上级知道；把上级需要的信息主动汇报给上级，让上级放心。这就需要做到（ ）。

  A. 主动与上级进行沟通   B. 把自己的优点展示出来
  C. 坚决执行上级的决定   D. 了解上级

37. 班组长应该让上级看到自己的能力和优点，提出自己对问题的看法和理解，让领导省心。这就需要做到（ ）。

  A. 主动与上级进行沟通   B. 把自己的优点展示出来
  C. 坚决执行上级的决定   D. 了解上级

38. 引导礼仪：在走廊引路时应走在客人的左前方的（ ）步处。引路人走在走廊的左侧，让客人走在路中央，要与客人的步伐保持一致，引路时要注意客人，适当地作些介绍。

  A. 三四   B. 一两   C. 两三   D. 四五

39. 班组管理中，有效沟通能够（ ）。

  A. 提高工作效率，减少矛盾   B. 增加团队成员间的矛盾
  C. 降低团队的协作意识   D. 阻碍信息传递

40. 沟通时要热情、正确称呼，讲文明话，少用俗语、脏语，特别是员工之间沟通时应多用（ ）语言，不要贬低奚落别人，要相互尊重，对方说话时不要打断对方、不要补充对方，更不要纠正对方、质疑对方。

  A. 固定   B. 规定   C. 规范   D. 约定

41. 与人沟通时要养成目光交流的习惯，以表示对对方的重视，注视对方的时间占对方与你相处时间的（ ）为宜。

  A. 1/3   B. 1/2   C. 1/4   D. 1/5

42. 在日常工作和交往中，要做到目中有人，要养成注视对方的习惯。注视别人时目光

应友善,采用平视,必要的时候仰视,与人目光交流时间以( )秒为宜。
A. 2~6　　　　　B. 5~6　　　　　C. 3~5　　　　　D. 3~6

43. 当班组成员提出不同意见时,班组长应该( )。
A. 立即否定,维护自己的权威　　　　B. 鼓励表达,积极探讨
C. 置之不理,避免冲突　　　　　　　D. 私下议论,传播小道消息

44. ( )是人类最美的语言,人们通过它把友善、热情表现出来,不卑不亢,落落大方。关于笑有多种,根据对象,当笑则笑,不该笑就别笑。要自然,要规范,要协调,要美观,这是交往沟通最重要的方面。
A. 微笑　　　　B. 含笑　　　　C. 大笑　　　　D. 苦笑

45. 每个人不同的仪态显示人们不同的精神状态和文化教养,传递不同的信息,因此仪态又被称为( )语。
A. 情态　　　　B. 体态　　　　C. 表情　　　　D. 情感

46. 仪态是表现一个人涵养的一面镜子,也是构成一个人外在美好的主要因素。人们的面部表情,体态变化,行、走、站、立、举手投足都可以表达( )。
A. 意图　　　　B. 情绪　　　　C. 思想感情　　　　D. 思想

47. 礼仪中的仪态,即姿态,是指人们在交往时( )所呈现出的各种姿态,它包括举止动作、神态表情和相对静止的体态。
A. 手势　　　　B. 面部　　　　C. 腿部　　　　D. 肢体

48. ( )是指人们在社会交往中,为了互相尊重而约定俗成、共同认可的行为规范和程序,它是礼节和仪式的总称。
A. 礼仪　　　　B. 礼貌　　　　C. 仪态　　　　D. 仪容

49. 沟通结束以后一定要形成一个双方或者多方都共同承认的协议,只有形成了这个协议才完成了一次沟通,这称为( )。
A. 确认需求　　　　B. 达成协议　　　　C. 阐述观点　　　　D. 处理异议

50. 有效沟通不仅需要自己把内容表达清楚还要知道对方需要什么,只有充分了解对方的想法和要求时双方才能达成共识,这就需要学会倾听对方的意见,及时提问与反馈,知道对方是否理解谈话的内容及看法。这是有效沟通的( )环节。
A. 确认需求　　　　B. 给谁说　　　　C. 说什么　　　　D. 怎么说

51. 在对方处于良好状态下进行沟通,效果会更加明显。如果沟通对象正紧张地忙于工作,你要求他与你商量下次合作的事情,显然不合时宜。所以,要想达到有效沟通,必须掌握好沟通的时间,把握好沟通的火候。这属于有效沟通的( )范畴。
A. 给谁说　　　　B. 说什么　　　　C. 怎么说　　　　D. 什么时间说

52. 班组长要掌握沟通的方法,就要用对方听得懂的语言,包括语调、文字、肢体语言、多媒体技术等载体,让信息接收者有效接收。这属于有效沟通( )范畴。
A. 给谁说　　　　B. 说什么　　　　C. 怎么说　　　　D. 什么时间说

53. 有效沟通要突出主题,就是要明确沟通的目的。如果目的不明确,自己不知道说什么,别人也不可能明白,自然也就达不到沟通的目的。这是告诉我们要进行班组有效沟通,必须要知道( )。
A. 给谁说　　　　B. 说什么　　　　C. 怎么说　　　　D. 什么时间说

54. 熟悉沟通的对象是非常必要的。即使你说得很好，但如果选错了对象，自然也达不到沟通的目的。这是告诉我们要达到有效沟通的目的，必须明确（　　）。
   A. 给谁说　　　　　B. 说什么　　　　　C. 怎么说　　　　　D. 什么时间说

55. 为了避免出现沟通障碍或偏差，在你没听清楚，或者没有理解时，要及时（　　）一下，一定要完全理解对方所要表达的意思。
   A. 提问　　　　　　B. 确认　　　　　　C. 反问　　　　　　D. 设问

56. 班组要达到有效沟通，信息发送者要重视信息接收者的反应并根据其反应及时修正信息的传递，免除不必要的（　　）。
   A. 沟通　　　　　　B. 理解　　　　　　C. 解读　　　　　　D. 误解

57. 班组要达到有效沟通，首先，信息发送者要（　　）地表达信息的内涵，以便信息接收者能确切理解。
   A. 清晰　　　　　　B. 大概　　　　　　C. 及时　　　　　　D. 巧妙

58. 影响沟通效果的因素有很多，包括沟通者的态度、沟通的方式、沟通的语言、沟通的准备以及沟通的时机和地点。归纳起来主要有三个方面：信息发出者的障碍、信息接收者的障碍和（　　）的障碍。
   A. 倾听　　　　　　B. 表达　　　　　　C. 沟通渠道　　　　D. 反馈方式

59. 管理实践证明：我们70%以上的工作时间是在和人打交道，工作中的阻碍（　　）以上的原因是沟通不畅造成的。
   A. 70%　　　　　　B. 72%　　　　　　C. 60%　　　　　　D. 80%

60. 沟通就是发送者凭借一定的媒介（渠道）将信息发送给既定的对象即接收者，并寻求反馈以达到相互理解的（　　）。
   A. 过程　　　　　　B. 过往　　　　　　C. 历程　　　　　　D. 进程

二、多项选择题（每题有4个选项，至少有2个是正确的，将正确的选项填入括号内）

1. 根据不同的标准，沟通可以分为不同的类型。例如，书面沟通与口头沟通；单向沟通与双向沟通；工作嘉奖或者职务认命最好使用（　　）沟通，而不要使用（　　）沟通。
   A. 书面　　　　　　B. 口头　　　　　　C. 单向　　　　　　D. 双向

2. 根据不同的标准，沟通可以分为不同的类型。企业内部按照不同的沟通方向分为下行沟通、上行沟通与平行沟通。汇报工作属于（　　）沟通；平级单位业务往来发送的公函属于（　　）沟通；安排部署任务属于（　　）沟通。
   A. 上行　　　　　　B. 平行　　　　　　C. 下行　　　　　　D. 双向

3. 李班长发现班组里新分配的大学生小王，干活不主动，总是心事重重。主动和她约谈后，了解到小王认为自己学的专业与岗位不符，看不到前途，感觉到很沮丧。李班长举身边小吴的例子，告诉小王只要能俯下身子，虚心请教，勤学苦练，在精神上物质上都能得到收获，让大家刮目相看。沟通后小王豁然开朗，自此以后，她努力学习，虚心求教。功夫不负有心人，她经过努力顺利通过初级职业技能鉴定资格考试；参加厂里读书比赛获前三名；场内干部招聘考试获得第一名。有效沟通的基本要求是班组长要（　　）。
   A. 有积极的心态主动关心员工　　　　B. 应该从关心的角度去了解员工
   C. 不是按照自己的意愿去强迫员工　　D. 在有感情、真诚的基础上加强沟通

4. 属于有效沟通的策略的有（　　）、达成协议等。
   A. 事先准备　　　　B. 确认需求　　　　C. 阐述观点　　　　D. 处理异议
5. 确认对方的需求的常用方法有（　　）。
   A. 积极聆听　　　　B. 有效提问　　　　C. 单向沟通　　　　D. 书面沟通
6. 下列选项属于有效沟通策略的事先准备环节的项目有（　　）。
   A. 对谁说　　　　　B. 说什么　　　　　C. 怎么说　　　　　D. 什么时间说
7. 礼仪是指人们在社会交往中，为了互相尊重而（　　）的行为规范和程序，它是礼节和仪式的总称。
   A. 约定俗成　　　　B. 共同认可　　　　C. 依法约束　　　　D. 明文规定
8. 沟通是为了一个设定的目标，把（　　）、（　　）、（　　）等在个人或群体间进行传播，并且达成共识的过程。
   A. 信息　　　　　　B. 思想　　　　　　C. 情感　　　　　　D. 意念
9. 班组礼仪规范要求在迎检时班组员工的仪表要遵循（　　）三个原则。
   A. 整洁　　　　　　B. 自然　　　　　　C. 互动　　　　　　D. 崭新
10. 在不太熟悉的情况下沟通时，要重视沟通禁忌，一般情况不要问（　　）、不要问（　　）、不要问婚姻家庭、不要问健康问题、不要问个人经历。
    A. 收入　　　　　　B. 年龄　　　　　　C. 天气　　　　　　D. 体育
11. 获得上级赏识的方法有（　　）。
    A. 了解上级　　　　　　　　　　　　　B. 主动与上级进行沟通
    C. 把自己的优点展示出来　　　　　　　D. 抓住关键时刻解决重要问题
12. 下属在与领导相处时，如何把握好分寸，是每个班组长在工作中所面临的一个最现实的问题。下列选项中尺度把握好的有（　　）。
    A. 王站长每次都能以职责为先，处理好上与下的关系
    B. 李站长工作面前以事业为先，处理好进与退的关系
    C. 区站长遇到问题以原则为先，处理好远与近的关系
    D. 方站长任劳任怨从不计较，以实干为先，处理好得与失的关系
13. 下列选项属于班组长与下属相处的"三A"原则的是（　　）。
    A. 表扬　　　　　　B. 接受　　　　　　C. 赞同　　　　　　D. 赏识
14. 下列选项属于班组长与上级沟通的原则的是（　　）。
    A. 了解上司意图　　　　　　　　　　　B. 能够承担自己的职责
    C. 寻求领导反馈　　　　　　　　　　　D. 同领导风格相匹配
15. 电梯内，先上电梯的人应靠（　　）站立，以免妨碍他人上电梯。电梯内不可以大声喧哗或嬉笑吵闹。电梯内有很多人时后进的人应（　　）电梯门站立。
    A. 侧面　　　　　　B. 背向　　　　　　C. 后面　　　　　　D. 面向
16. 根据搭乘电梯礼仪规范要求，下列做法正确的是（　　）。
    A. 电梯内没有其他人时，先于客人进入电梯，按住按钮再请客人进入电梯
    B. 到大厅时，按住"开"的按钮，请客人先下
    C. 电梯内有人时，无论上下电梯都是客人、领导优先
    D. 自己先进电梯按住按钮等待领导、客人进入

17. 礼仪既是（　　），也是（　　），传递着尊敬友好的信息，是人际交往乃至友谊发展、心灵沟通的前提，关系到交往的成败。

　　A. 素质　　　　　　B. 形象　　　　　　C. 纽带　　　　　　D. 修养

18. 行进中的礼仪规范：两人行，（　　）为尊；三人同行，（　　）为尊；四人不能并排走，（　　）排为尊。

　　A. 右　　　　　　　B. 中　　　　　　　C. 前　　　　　　　D. 后

19. 在楼梯间引路，让客人走在正方向（右侧），引路人走在左侧，途中要注意引导提醒客人，在（　　）处应使用手势，并提醒"这边请"或"注意楼梯"等。

　　A. 平缓　　　　　　B. 开阔　　　　　　C. 拐弯　　　　　　D. 楼梯台阶

20. 鞠躬时必须伸直腰、脚跟靠拢、双脚尖处微微分开，目视对方。然后将伸直的腰背，由腰开始的上身向前弯曲。男性双手放在身体（　　），女性双手合起放在身体（　　）。

　　A. 两侧　　　　　　B. 前面　　　　　　C. 左侧　　　　　　D. 右侧

21. 沟通的四个原则包括准确性、（　　）。

　　A. 及时性　　　　　B. 完整性　　　　　C. 巧妙性　　　　　D. 礼节性

22. 鞠躬的程度不同表达不同的意思。例如，弯（　　）左右，表示致谢；弯（　　）左右，表示诚恳和歉意；弯（　　）以上，表示忏悔、改过和谢罪。

　　A. 12°　　　　　　 B. 15°　　　　　　 C. 30°　　　　　　 D. 45°

23. 虽说："人不可貌相，海水不可斗量"。可是事实上，个人形象是企业形象的外在反映。班组长的个人形象包含（　　）。

　　A. 礼貌　　　　　　B. 仪容　　　　　　C. 仪表　　　　　　D. 仪态

24. 下列选项属于礼仪的功能的项目有（　　）。

　　A. 沟通功能　　　　B. 协调功能　　　　C. 维护功能　　　　D. 教育功能

25. 礼仪是一个人综合素质的外在表现，是人际交往的艺术，也是人际沟通的技巧。具体表现为（　　）等。

　　A. 礼貌　　　　　　B. 礼节　　　　　　C. 仪表　　　　　　D. 仪式

26. 礼仪是一个人综合素质的外在表现，是人际交往的艺术，也是人际沟通的技巧，涉及（　　）等内容。

　　A. 穿着　　　　　　B. 交往　　　　　　C. 沟通　　　　　　D. 社交

27. 积极聆听的技巧有（　　）、表达感受等。

　　A. 倾听回应　　　　B. 提示问题　　　　C. 重复内容　　　　D. 归纳总结

28. 下列选项属于使用积极聆听技巧的语句有（　　）。

　　A. "好，我也是这样认为的"
　　B. "你说的真不错！"
　　C. "这一点我不是很明白，我可不可以这样认为……"
　　D. "实话实说吧，你根本没有认真听我讲话"

29. 班组长向上级领导汇报工作时的禁忌有（　　）。

　　A. 汇报失真、卖弄自己　　　　　　　B. 不汇报领导的关注点和工作亮点
　　C. 及时汇报　　　　　　　　　　　　D. 先说结果

30. 当下级需要得到指令时，上级正确的沟通行为有（　　）。
    A. 清楚的指令　　　　B. 健全的沟通渠道　　C. 多头领导　　　　D. 反复改变指令
31. 班组长在下达指令时，能够保证下属正确理解指令的做法是（　　）。
    A. 不一次性安排太多任务　　　　　　B. 反复询问对方任务要点
    C. 使用对方易理解的语言表达　　　　D. 确认下级已完全理解
32. 班组长向上级领导汇报工作的关键点有（　　）。
    A. 目的明确　　　　B. 抓住重点　　　　C. 实事求是　　　　D. 不说废话
33. 某井组地理位置很偏远，交通闭塞，信息不畅。员工小马准备报考职称考试，但当小马知道报告信息时已过了报名截止时间，结果耽误了一年。小马很生气，失去了一次机会。下列选项属于造成小马损失的原因的是（　　）。
    A. 班组管理不完善，对员工状况了解不够，平时与员工沟通较少
    B. 小马平时与人沟通少，没有把自己的要求和想法向组织说明
    C. 班组与上级组织的信息传达受阻
    D. 员工小马不认真负责与上级进行任务交接
34. 下列选项属于沟通障碍中沟通渠道障碍的是（　　）。
    A. 认知性障碍　　　B. 情绪性障碍　　　C. 主观性障碍　　　D. 选择性障碍
35. 根据不同的标准，沟通可以分为不同的类型。其中，座谈会属于（　　）沟通，而军事指挥类多属于（　　）沟通。
    A. 书面　　　　　　B. 口头　　　　　　C. 双向　　　　　　D. 单向
36. 根据不同的标准，沟通可以分为不同的类型。其中，随时随地随意沟通属于（　　）沟通；有明确要求和规定的沟通一般属于（　　）沟通。
    A. 非正式　　　　　B. 正式　　　　　　C. 下行　　　　　　D. 双向
37. 下列选项属于沟通障碍中信息接收方的障碍的是（　　）。
    A. 听不清楚　　　　B. 听不进去　　　　C. 听不明白　　　　D. 认识不清
38. 下列选项属于沟通障碍中信息发出者的障碍的是（　　）。
    A. 听不进去　　　　B. 认识不清　　　　C. 发讯不当　　　　D. 态度不好
39. 影响沟通效果的因素有很多，包括沟通者的态度、沟通的方式、沟通的语言、沟通的准备以及沟通的时机和地点。归纳起来主要有三个方面：（　　）的障碍、（　　）的障碍和（　　）的障碍。
    A. 信息的发出者　　B. 信息的接收者　　C. 沟通渠道　　　　D. 反馈方式
40. 沟通是双向的、互动的反馈和理解的过程，也是班组成员进行（　　）、（　　）、（　　）的一种交流活动。
    A. 思想交流　　　　B. 增进了解　　　　C. 取得信任　　　　D. 交互往来

三、判断题（对的画√，错的画×）

（　　）1. 良好的沟通是建立和谐人际关系、促进企业发展的基石。

（　　）2. 班组作为油气田企业的基层管理单元，要想取得更好的业绩，沟通是必不可少的。

（　　）3. 班组有效沟通不能消除员工间的疑惑、化解存在的问题、统一思想认识、合

理利用资源、提高班组的凝聚力和战斗力，从而高质高效推动企业顺利发展。

（　　）4. 沟通的目的在于沟通本身，而不在于沟通的结果。

（　　）5. 为了提升班组的沟通效果，必须正确运用对方易懂的语言、文字，用成员之间能接受的、意思明确的、感情真挚的语言进行传递，让对方准确理解自己的意图。

（　　）6. 沟通仅追求被人理解。

（　　）7. 班组内部有分工有合作，在合作中就需要员工之间、员工与班长之间互相沟通，通过沟通协调可以充分利用有效资源，减少不必要的损失和安全事故，达到节约成本、提高工作效率的目的，同时还能激发员工的工作热情。因此，沟通在生产操作中非常必要。

（　　）8. 在一个班组，由于人员构成不同，个人的价值目标不同，容易出现沟通不当或缺少沟通的问题，而使员工之间在工作生活中产生误解与矛盾，影响班组的和谐。

（　　）9. 听话听音，也就是说，对方讲话时只要不打断，不随便插话就可以了，态度冷漠、漫不经心并不那么重要。

（　　）10. 互动可以获得更多的机会与资源，减少犯错误的机会和摸索的时间，得到更多人的支持协助与认可，增强个人影响力，自然你的成功时间也会大大地缩短。

（　　）11. 当班组长看到员工情绪不稳定、积极性不高时，首先应该从关心的角度去了解他，问清楚是什么事情影响了他，需要怎样的帮助，使对方心里产生信赖感，认为你是真心诚意在帮助他。

（　　）12. 有效沟通的基本要求是要有积极的心态主动关心对方。

（　　）13. 班组成员朝夕相处，出现冲突是不可避免的。班组长了解不和谐的原因后要对症下药，矛盾是可以化解的，把问题说清楚，大家就会理解，就能减少人与人之间的矛盾。

（　　）14. 俗话说："三个女人一台戏。"特别是朝夕相处涉及个人利益的事更难解决。因此，作为女子班组的头，沟通协调能力并没有那么重要。

（　　）15. 沟通需要提问时要尽量多问为什么，少问带引导性的问题和一次问多个问题，这样对方很难接受，达不到沟通的目的。

（　　）16. 聆听，意味着谦虚好学，尊重别人，站在对方的立场上考虑问题。所以聆听时要用心和脑去听，要设身处地去听，聆听就是为了最后做出满意的回答。

（　　）17. 有效沟通的"听"有两个要求，首先要给对方留出讲话的时间；其次尽可能排除不必要的干扰，控制好情绪，保持冷静，不要与对方争论或妄加批评。

（　　）18. 倾听要尽可能排除不必要的干扰，控制好情绪、保持冷静，不要与对方争论或妄加批评。设法使交谈轻松，使讲话人感到舒畅，消除拘谨等不良情绪。鼓励对方讲下去，以便充分了解对方，达到双方共同接受的结果。

（　　）19. 阐述观点时要明确本次沟通所要解决的主题，统一双方的认识。同时态度要诚实，在沟通时正确使用语言，要做到准确易懂、简明扼要，当出现危机时，要善于解围。

（　　）20. 沟通结束时既要让沟通对象深思，又要引导对方陈述问题的态度与方向。一般来说，要切中主题、稳健、中肯，下绝对性的结论。

（　　）21. 在沟通中遇到异议时，首先要了解对方的某些观点，其次找出对你有利的观点，要强行说服对方，且用对方的观点去说服对方。

（　　）22. 演讲能够成功并打动人心，就是演讲者表达出了让人印象深刻的沟通话语，给对方留下深刻的印象。

（　　）23. 礼仪是一个人综合素质的外在表现，是人际交往的艺术，也是人际沟通的技巧。具体表现为礼貌、服饰、仪表、仪容。

（　　）24. 班组沟通中讲究礼仪可以帮助人们实现理想、走向成功，可以促进班组员工团结互助、敬业爱岗、诚实守信，也可以增强员工的交往和竞争实力，从而推动各项事业的发展。

（　　）25. 礼仪是指人们在社会交往中，为了互相尊重而约定俗成、共同认可的行为规范和程序，它是礼节和仪式的总称。

（　　）26. 礼仪是企业形象、文化、员工修养和素质的综合体现。礼仪不仅是一种交往的艺术、还是一种非常重要的沟通技巧和规范，可以用来约束人类的欲望，保证社会秩序，实现人际关系的和谐。

（　　）27. 礼仪可以为个人或企业创造经济价值，为将来的发展打基础。

（　　）28. 机会是留给有准备的人的，隐藏在细节之中，只要做好了细节，就一定会有平步青云的机会。

（　　）29. 平日里班组会面临一些迎检工作，如果在待人接物时着装不妥、礼数不周、说话不注意分寸，不会带来麻烦，也不会对班组工作的开展带来影响。

（　　）30. 握手时，要注视对方，不要旁顾他人他物。用力要适度，切忌手脏、手湿、手凉和用力过大。与异性握手时用力轻、时间短，不可长时间握手和紧握手。掌心向上，以示谦虚和尊重，有时也可掌心向下。

四、简答题

1. 简述班组有效沟通的五个环节。
2. 简述班组内沟通的必要性。
3. 简述影响有效沟通的主要因素。
4. 简述班组沟通常见的方式。
5. 简述班组礼仪的功能。
6. 简述在迎检时班组员工仪态的主要体现。
7. 简述介绍他人的顺序。
8. 简述握手礼仪的规范。
9. 简述鞠躬礼仪的动作要领。
10. 简述班组长与上级沟通的原则。

第五章 班组激励试题

一、单项选择题（每题有4个选项，只有1个是正确的，将正确的选项填入括号内）

1. 负激励在于批评惩戒，而正激励则注重赞美表扬。以下对表扬员工描述不正确的是（　　）。

   A. 小李，我发现你经常向老员工咨询业务，这让我很开心，如果新员工都像你一样好学，很快就都能通过上岗考试了

   B. 今天在咱们班最重要的会议上，我倡议大家要向小钱同志学习，因为一年前他在油田公司员工技能比赛中获得了一等奖

   C. 小张，别灰心，虽说这次你在"管道漏点判断及打卡补漏操作"的实操项目上发挥失常，影响到你的总成绩，但你平时训练中的刻苦努力，是我们有目共睹的，这一点值得表扬，值得我们大家向你学习

   D. 长期以来我们都说爱站如爱家，你们看小孙，每次开完会，大家走了以后，他都一个人摆好桌椅、擦净小黑板、打扫完地上的烟头，然后熄灯关门，就是因为默默地付出，大家才能有个窗明几净的会议室，这一点值得大家向他学习，爱站就从小事做起

2. 班组长是一线战斗的直接组织者和指挥者，要掌握正确的（　　）方法，充分调动员工的积极性和创造性，让大家带着愉悦感工作，提高企业的整体绩效。

   A. 激励　　　　B. 沟通　　　　C. 协调　　　　D. 奖励

3. 激励源于科学的理论，但最终要实现的话，它又是一门艺术，这种艺术源于管理者对于自身实践的认识升华以后，经过（　　）变成自己的东西。

   A. 交流　　　　B. 体验　　　　C. 领悟　　　　D. 学习

4. 企业管理中的理论都是通过点点滴滴的管理（　　）体现出来的。

   A. 学习　　　　B. 交流　　　　C. 实践　　　　D. 训练

5. 三国时曹操征讨张绣，行军很长一段时间都找不到水喝，将士们口渴难耐。在军心动摇之时，曹操告诉他的军队，前方不远处有一片梅林，到那就可以吃梅子止渴。大家一听，士气为之一振，结果既找到了水源，又完成了行军任务！这就是（　　）的效果。

   A. 动员　　　　B. 沟通　　　　C. 哄骗　　　　D. 激励

6. 下列选项属于参与激励的是（　　）。

   A. 合理化建议　　　　　　　　　B. 共同制定目标，分别承担改善责任
   C. 民主决策制　　　　　　　　　D. 以上都是

7. 激励具体包括（　　）。

   A. 薪酬激励　　B. 情感激励　　C. 挫折激励　　D. 以上都是

8. 我国企业优秀员工评比活动之所以激励效果不明显，比较常见的缺陷有（   ）。
   A. 内容笼统　　　　B. 针对性不强　　　C. 个性化较弱　　　D. 以上都是
9. 赫茨伯格的双因素理论研究的重点是（   ）。
   A. 从社会需要出发对人的需要进行分类
   B. 组织中个人与工作的关系问题
   C. 个人对待工作的态度
   D. 员工如何选择行为方式来满足他们的需要
10. 马斯洛的需要层次论存在最明显的问题是（   ）。
    A. 自我实现需要是否人人都需要　　　B. 需要层次是绝对高低还是相对高低
    C. 已经得到的需要不再起激励作用　　D. 在特定的时刻，人有最迫切的需要
11. 公平理论的不足之处在于（   ）。
    A. 员工选择的与自己进行比较的参照类型有问题
    B. 驱使员工追求公平和平等的动机基础是相对报酬与付出的比率和其他人相比不平衡
    C. 员工本身对公平的判断是极其主观的
    D. 人们只通过横向和纵向两个方面的比较来判断其所获报酬的公平性
12. 关于期望理论对班站长的启示，下列说法不正确的是（   ）。
    A. 管理者的责任是帮助员工满足需要，同时实现组织目标
    B. 管理者要明确员工个体的需要，界定组织提供的结果
    C. 管理者必须去发现员工在技能和能力方面与工作需求之间的对称性
    D. 管理者应使工作的能力要求略低于执行者的实际能力
13. "大棒"是最传统的激励手段之一，以下现象不属于由"大棒"产生的消极效应的是（   ）。
    A. 消极怠慢　　　　B. 一切向钱看　　　C. 生产劣质产品　　D. 对工作不关心
14. 根据马斯洛的需要层次论，下列哪一类人的主导需要可能是安全需要（   ）。
    A. 总经理　　　　　　　　　　　　　　B. 失业人员
    C. 刚刚参加工作的大学生　　　　　　　D. 工厂的一线操作工人
15. 公司的一位年轻人工作非常突出，同时也取得了高于同行业平均水平的薪资，但他仍未感到满意。这种现象可用何种激励理论得以解释（   ）。
    A. 期望理论　　　　B. 公平理论　　　　C. 需要层次理论　　D. 强化理论
16. 两名保龄球教练分别训练各自的队员。他们的队员都是一球打倒了7只瓶。教练甲对自己的队员说："很好！打倒了7只。"他的队员听了教练的赞扬很受鼓舞，心里想，下次一定再加把劲，把剩下的3只也打倒。教练乙则对他的队员说："怎么搞的？还有3只没打倒。"队员听了教练的指责，心里很不服气，暗想，你咋就看不见我已经打倒的那7只。结果，教练甲训练的队员成绩不断上升，教练乙训练的队员打得一次不如一次。这种"保龄球效应"说明（   ）。
    A. 只有正强化才能够调动下属的积极性
    B. 负强化只能打击下属的积极性，而不能调动下属的积极性
    C. 领导者应该尽可能多使用正强化，少使用负强化
    D. 领导者应该只使用正强化，放弃负强化

17. 很多企业都在公司员工的衣服上贴有公司名称、职位等标签，其目的是激发员工（   ）。
    A. 成就感　　　　　B. 权力欲　　　　　C. 归属感　　　　　D. 安全感

18. 如果一个人有100%的能力，而只给他80%的工作量，他的能力将退化；如果一个人有100%的能力，而只给他100%的工作量，他的能力不会提高；如果一个人有80%的能力，而给他100%的工作量，则他的能力将有突破性提高。这种"能事相关"的思想在下列哪一个理论中有所体现（   ）。
    A. 双因素理论　　　B. 成就需要论　　　C. 期望理论　　　　D. 强化论

19. 管理学者贝克曾说："为工作而工作，才是工作的真意。希望借工作而获得报酬的人，只是在为报酬效劳而已。"这句话说明（   ）。
    A. 外在的物质报酬不能调动员工的积极性
    B. 在组织中的每个人为了获取物质报酬而工作
    C. 在组织中的每个人为了获取内在报酬而工作
    D. 兴趣来自工作本身，完成工作的成就感或愉快感是激发人们努力工作的动机

20. 绩效工资实际上哪两个理论的逻辑结果（   ）。
    A. 期望理论和公平理论　　　　　　　B. 双因素理论和强化理论
    C. 公平理论和强化理论　　　　　　　D. 期望理论和强化理论

21. 英国首相丘吉尔战后并未被人遗忘，继续执政，问其原因，他答道："最好在钓钩上放着鱼爱吃的东西。"丘吉尔的话一语道破钓鱼效应的原理，这与哪一种管理理论的思想相一致（   ）。
    A. 内容型激励理论　B. 过程型激励理论　C. 期望激励理论　　D. 公平激励理论

22. 马斯洛的需要层次论认为，人的行为取决于（   ）。
    A. 需求层次　　　　B. 激励程度　　　　C. 精神状态　　　　D. 主导需求

23. 下列选项关于激励的叙述错误的是（   ）。
    A. 激励是组织中人的行为的动力，而行为是人实现个体目标与组织目标一致的过程
    B. 无激励的行为是盲目而无意识的行为
    C. 有激励而无效果的行为，说明激励的机理出现了问题
    D. 从组织范围的角度出发，把人的需要具体化为员工切实关心的问题，称为需要层次论

24. 除H机械厂外，某城市内所有其他企业都有较好的工作条件。发现这一点后，H机械厂决定消除车间内的粉尘污染，改善职工的工作条件，这一举措（   ）。
    A. 可以对职工起到很好的激励作用
    B. 只是改善了职工基本工作条件，没有太大的激励作用
    C. 由于改善了工作条件，一定能够提高生产效率
    D. A和C都对

25. 你所领导的跨部门任务小组正在致力于完成一项全厂范围的调研报告。任务小组中有一个成员过去的5次会议一直都迟到，他对此既不道歉也不做解释，而且他迟迟没有交来他所在部门的成本数据。根据情境领导理论，你应该对该成员采用（   ）领导方式。
    A. 高工作，低关系　　　　　　　　　B. 高工作，高关系
    C. 低工作，低关系　　　　　　　　　D. 低工作，高关系

26. 需求层次理论是由（   ）提出的。
   A. 道格拉斯·麦格雷戈   B. 佛雷得里克·赫茨伯格
   C. 马斯洛   D. 亚当斯

27. 预先告知某种不符合要求的行为或不良目标可能引起的后果，允许人们按所要求的方式行事或避免不符合要求的行为，来回避一种令人不愉快的处境的激励方式属于（   ）。
   A. 正强化   B. 惩罚   C. 负强化   D. 自然消退

28. 以下哪种现象不能在需要层次理论中得到合理解释（   ）。
   A. 一个饥饿的人会冒着生命危险去寻找食物
   B. 穷人很少参加排场讲究的社交活动
   C. 在陋室中苦攻"哥德巴赫猜想"的陈景润
   D. 一个安全需要占主导地位的人，可能因为担心失败而拒绝接受富于挑战性的工作

29. 下面哪种理论不属于激励理论（   ）。
   A. 双因素理论   B. 需求层次理论   C. 期望值理论   D. 权变理论

30. 就马斯洛的"需要层次论"和赫茨伯格的"双因素理论"相比较而言，（   ）。
   A. 生理需要相当于保健因素
   B. 生理和安全需要相当于保健因素
   C. 生理、安全和社交需要相当于保健因素
   D. 生理、安全、社交和尊重相当于保健因素

31. 某公司今年超额完成利润指标，公司决定按员工个人工资的50%一次性发放年终奖金，结果花钱买来的是怨声载道。此现象可以用（   ）来解释。
   A. 期望理论   B. 公平理论   C. 双因素理论   D. 需要层次理论

32. 公平理论认为影响员工工作努力程度的因素是（   ）。
   A. 薪酬量   B. 比较的结果   C. 工作条件   D. 晋升机会

33. 奖励旅游属于（   ）。
   A. 信任激励法   B. 参与激励法   C. 强化激励法   D. 榜样激励法

34. 商鞅在秦国推行改革，他在城门外立了一根木棍，声称如有人将木棍从南门移到北门，奖励500金，但没有人去尝试。根据期望理论，这是由于（   ）。
   A. 500金的效价太低   B. 居民对完成要求的期望很低
   C. 居民对得到报酬的期望很低   D. 枪打出头鸟，大家都不敢尝试

35. 某企业对生产车间的工作条件进行了改善，这是为了更好地满足职工的（   ）。
   A. 生理需要   B. 安全需要   C. 感情需要   D. 尊重需要

36. 根据马斯洛的需要层次理论，可得出的结论是（   ）。
   A. 对于具体的个人来说，其行为主要受主导需求的影响
   B. 越是低层次的需要，其对人们行为所能产生的影响也越大
   C. 任何人都有五种不同层次的需要，而且各层次的需求程度相等
   D. 层次越高的需要，其对人们行为产生的影响也越大

37. 企业中，常常见到员工之间在贡献和报酬上会相互参照攀比，你认为员工最可能将哪一类人作为自己的攀比对象（   ）。
   A. 企业的高层管理人员   B. 员工们的顶头上司
   C. 企业中其他部门的领导   D. 与自己处于相近层次的人

38. 高级工程师老王在一家研究所工作，该所拥有一流的研究设备，根据双因素理论，下列哪一种措施最能对老王的工作起到激励作用（　　）。

  A. 调整设计工作流程，使老王可以完成完整的产品设计而不是总重复做局部的设计

  B. 调整工资水平和福利措施

  C. 给老王配备性能更为先进的个人计算机

  D. 以上都起不到激励作用

39. 对于一个尊重需要占主导地位的人，下列哪种激励措施最能产生效果（　　）。

  A. 提薪　　　　B. 升职　　　　C. 解聘威胁　　　　D. 工作扩大化

40. 晋升和增加员工的责任所体现的激励作用是比较明显的，在实施过程中，不正确的做法是（　　）。

  A. 让某个成员主持班组的项目　　　　B. 提供给某人成为兼职教师的机会

  C. 给予某个成员一些普通的任务　　　　D. 让班组成员担任关键职位

41. （　　）也称为愿景激励，是指领导者为激励对象设置的美好远景，使其努力奋斗。

  A. 自我激励　　　　B. 情感激励　　　　C. 目标激励　　　　D. 危机激励

42. 激励理论可以简单地概括为（　　）。

  A. 行为引起动机，动机决定需要　　　　B. 动机引起需要，动机决定行为

  C. 需要引起动机，行为决定动机　　　　D. 需要引起动机，动机决定行为

43. 通过竞赛激励员工简单易行，有很强的操作性。下列关于实施这种激励方式的表述错误的是（　　）。

  A. 竞赛活动需要具备一定的文化和背景　　　　B. 事先了解员工最关注的方面

  C. 比赛规则要尽可能细致而全面　　　　D. 奖励要有一定的诱惑性

44. 下列关于双因素理论的说法，错误的是（　　）。

  A. 满意的对立面不一定是不满意的

  B. 使员工满意的，基本属于工作本身的因素

  C. 使员工不满意的多是保健因素

  D. 保健因素和激励因素不会存在重叠

45. 下列选项中，不属于马斯洛需求层次理论的是（　　）。

  A. 安全需要　　　　B. 归属与爱的需要　　　　C. 心理需要　　　　D. 尊重需要

46. 在工作中，班组长对下属进行激励的前提是（　　）。

  A. 把握员工需要激励时所发出的信号　　　　B. 做好对激励增效的准备

  C. 做好对惩戒失效的准备　　　　D. 根据员工突出的表现

47. 公司好几个青年大学生在讨论明年报考 MBA 的事情。大家最关心的是英语考试的难度，据说明年将会有很大提高。请根据激励理论中的期望理论，判断以下四人中谁向公司提出报考的可能性最大（　　）。

  A. 小郑大学学的是日语，两年前来公司后，才开始跟着电视台初级班业余学了些英语

  B. 小齐英语不错，本科就学管理，但他妻子年底就要分娩，家中又无老人可依靠

  C. 小吴被公认为"高才生"，英语棒，数学强，知识面广，渴望深造，又无家庭负担

  D. 小冯素来冷静多思，不做没把握的事。她自信 MBA 联考每门过关绝对没问题，但认为公司里想报考的人太多，领导最多只能批准 1 人，而自己与领导关系平平，肯定没希望获得领导批准

48. 一位父亲为了鼓励小孩用功学习，向小孩提出，如果在下学期每门功课都考 95 分以上，就给予物质奖励。在下述什么情况下，小孩会受到激励而用功学习（　　）。
   A. 平时成绩较好，有可能各门功课都考 95 分以上
   B. 奖励的东西是小孩最想要的
   C. 父亲说话向来都是算数的
   D. 上述三种情况同时存在

49. 我国企业引入奖金机制的目的是发挥奖金的激励作用，但许多企业的奖金已经成为工资的一部分，奖金变成了保健因素。这说明（　　）。
   A. 双因素理论在中国不怎么适用
   B. 保健和激励因素的具体内容在不同国家是不一样的
   C. 防止激励因素向保健因素转化是管理者的重要责任
   D. 将奖金设计成为激励因素本身就是错误的

50. 某企业规定，员工上班迟到一次，扣发当月 50%的奖金，自此规定出台之后，员工迟到现象基本消除，这是哪一种强化方式（　　）。
   A. 正强化　　　B. 负强化　　　C. 惩罚　　　D. 忽视

51. 处于马斯洛需要层次理论最高层次的是（　　）。
   A. 生理的需要　　B. 安全的需要　　C. 感情的需要　　D. 自我实现的需要

52. 企业购置新的机器设备，生产效率提高了，但工人的工作节奏加快了，员工意见很大，出现这一现象的主要原因是（　　）。
   A. 保健因素降低　　　　　　　　B. 激励因素提高
   C. 激励因素向保健因素转化　　　D. 保健因素向激励因素转化

53. 班组最为简单有效解决公平问题的方法是（　　）。
   A. 加强班组长和员工之间的沟通　　B. 用民主的方法来讨论如何进行奖励
   C. 建立科学的绩效考评体制　　　　D. 建立多种报酬机制

54. 班组长对班组成员中高热情、高能力人才的激励方式应当是（　　）。
   A. 通过教育培训，使其能力提高，然后再把他安排到适合的岗位上去
   B. 先挽救后淘汰
   C. 激励其发挥有限的作用，如若不行再合理劝退
   D. 充分发挥这些人的积极性和主动性，充分给他们授权，赋予他们更多的责任

55. 期望理论告诉我们，对员工有效的激励方法是，管理者一定要发现员工激励因素中的（　　）。
   A. 高期望值、高效价的因素　　　B. 高期望值、低效价的因素
   C. 低期望值、高效价的因素　　　D. 低期望值、低效价的因素

56. 关于榜样激励表述有误的是（　　）。
   A. 以自己身边的人和事为榜样，往往激励效果不明显
   B. 榜样达成的时间不宜太长
   C. 所谓的榜样人物，是在某个方面工作优秀的人，而非处处都优秀的完人
   D. 艰难曲折的事迹才有感召力

57. 三个人去登山，一个人已经到了山顶了，一个人刚好到了中间，还有一个人刚刚起

步，请问哪一个人才真正需要激励（   ）。

   A. 到了山顶的   B. 到了中间的   C. 刚刚起步的   D. 以上都包括

58. 下列选项表述有误的是（   ）。

   A. 激励与操纵并不一样

   B. 很多企业家，都犯了概念分析的错误。他们总是认为，只要加工资员工就会好好干活

   C. 激励是一种硬性的工作，一定要建立在软件的基础上

   D. 西方企业强调打破部门的壁垒，淡化行政部门概念，但这并不适用于中国

59. 从NBA和奥斯卡的奖项，我们可以总结出这样一个道理：（   ）。

   A. 奖项设置要少

   B. 奖项的名称要尽量模糊化

   C. 弱化奖项设置的个性化

   D. 奖项并不怕多，但一定要实在，要有针对性

60. 关于情感激励表述有误的是（   ）。

   A. 对于企业而言，有必要建立员工互助基金委员会，使互助活动组织化

   B. 通过给员工写个人评语，有利于员工认清自己，找到努力的方向，也有利于加深双方之间的感情

   C. 公司可以通过给员工父母写信或者寄礼物，体现公司对他们的尊敬和关心，从而感动员工父母

   D. 记录员工的愿望，并不能对他们产生什么激励作用

二、多项选择题（每题有4个选项，至少有2个是正确的，将正确的选项填入括号内）

1. 一天，吴班长开早会时说："接到作业区的通知，这次内务大检查谁的考核成绩最高，谁就能得到区部500元的奖励，大家要好好干啊！"作业区采用的是（   ）的激励方式。

   A. 精神激励   B. 正激励   C. 物质激励   D. 负激励

2. 美国哈佛大学教授威廉·詹姆斯通过研究发现，在缺乏激励的组织环境中，员工的潜力只发挥出（   ），而在良好的激励环境中，同样的员工可以发挥出（   ）的潜力。

   A. 20%～30%   B. 10%～20%   C. 80%～90%   D. 70%～80%

3. 激励的难点是（   ）。

   A. 管理者不知如何下手   B. 员工需求太个性化

   C. 激励手段像一团云雾   D. 激励以人为本

4. 某民营企业一位姓姚的车间主任，手下有十几个工人，他对自己"独有"的领导方式感到颇为自豪。他对手下人常说的一句口头禅就是："不好好干回家去，干好了月底多拿奖金。"可以认为，姚主任把他手下的工人都看作是（   ）。

   A. 生理需要的人   B. 归属需要的人   C. 安全需要的人   D. 尊重需要的人

5. 赫兹伯格提出的双因素理论中，被称作保健因素的是（   ）。

   A. 薪金   B. 人际关系   C. 赏识   D. 职业安定

6. 下列选项对马斯洛的需要层次理论的描述，正确的是（   ）。

   A. 人的需要可以分成5个层次   B. 人的需求是由低到高逐级向上发展的

C. 人在某个低层次的需要得到完全满足时，才会关注更高一级的需要

D. 人在某个阶段，通常有一个主导需要，可以针对这个主导需要对他进行激励

7. 2002年8月北京大学5名登山爱好者在攀登西藏雪峰时，遇到雪崩不幸遇难，人们在赞扬他们精神的同时，也在思考如下问题：是什么力量鼓舞他们不畏艰险，努力攀登。你认为主要的因素有（　　）。

A. 外在性激励，如领导的鼓励、支持、表扬等

B. 内在性激励，如目标任务的巨大吸引力

C. 内在性激励，如完成任务的自豪感、自尊感

D. 外在性激励，如物质利益的奖励与满足

8. 对待马斯洛提出的需要层次理论，人们有着不同的理解和评价，以下选项属于需要层次理论的基本看法与观点的是（　　）。

A. 人有五种基本需要，它们之间是一个由低级向高级发展的过程

B. 人在不同的时期和发展阶段，一般总有一种需要发挥主导作用

C. 人的未满足的需要对人的行为具有驱动作用

D. 当较高层次的需要无法得到满足时，人们会出现需求倒退现象

9. 人们受到刺激所做出的反应取决于多种因素，主要有（　　）。

A. 他们的个性　　　　　　　　B. 对报酬的看法

C. 对任务的看法和期望　　　　D. 他们的个人素质与知识结构

10. 以下选项关于期望理论叙述中正确的有（　　）。

A. 效价可以是负值　　　　　　B. 激励力同期望值成正比

C. 期望值是一种主观概率　　　D. 效价越小，则动力越大

11. 下列选项属于保健因素的是（　　）。

A. 监督系统　　　B. 工作条件　　　C. 人际关系　　　D. 工资

12. 马斯洛需要层次理论的基本出发点是（　　）。

A. 个人对工作的态度在很大程度上决定着任务的成功与失败

B. 人的行为是其所受到的刺激的函数

C. 人是有需要的动物，只有尚未满足的需要能够影响行为

D. 人的需要都有层次，某一层次需要得到满足后，另一层次的需要才会出现

13. 下列说法正确的是（　　）。

A. 激励产生的根本原因是内因　　　　B. 内因由人的认知知识结构构成

C. 外因是人所处的环境　　　　　　　D. 激励频率与激励效果之间成正比关系

14. 强化理论认为（　　）。

A. 人的行为是其所受刺激的函数

B. 正强化连续、固定效果最好

C. 正强化的方式应是间断的、时间和数量都不固定的

D. 在负强化时，应以连续负强化为主

15. 关于激励与行为之间的关系，说法正确的是（　　）。

A. 未得到的需要是产生激励的起点，进而导致某种行为

B. 激励是组织中人的行为的动力

C. 无激励的行为，是盲目而无意识的行为

D. 有激励而无效果的行为，说明动激励的机理出现了问题

16. 公平理论中的横向比较因素包括（　　）。

A. 自己对所获报酬的感觉　　　　　　B. 自己对他人所获报酬的感觉

C. 自己对个人所作投入的感觉　　　　D. 自己对投入所作投入的感觉

17. 赫兹伯格通过研究发现（　　）。

A. 引起人们不满意的因素多为一些工作外的因素，多同工作条件和环境有关

B. 能给人们带来满意的因素都在工作以内，是由工作本身所决定的

C. 人的社会性需求来自环境、培养和教育

D. 人的需要取决于他已经得到了什么，还缺少什么

18. 1927年，心理学家蔡戈尼做了一个实验：将受试者分为甲乙两组，同时演算相同的数学题。其间让甲组顺利演算完毕，而乙组演算中途，突然下令停止。然后让两组分别回忆演算的题目，乙组明显优于甲组。这种未完成的不爽深刻留存于乙组人的记忆中，久搁不下。而那些已完成的人，"完成欲"得到了满足，便轻松地忘记了任务。产生这种"蔡戈尼效应"的原因你认为是（　　）。

A. 已经获得满足的需要不再具有激励的作用

B. 大多数人都有与生俱来的完成欲，要做的事一日不完结，一日不得解脱，这充分说明大多数人具有自我实现的需要

C. 有些人做工作就是喜欢拖泥带水，半途而废，能懒就懒，这与"X"理论所描述相吻合

D. 每个人都具有自觉性，因为拖拉永远完不成一件事，只有一口气把事做完，这与"Y"理论所描述相吻合

19. 心理学家克劳特曾做过这样一个实验：他要求一群参加实验者对慈善事业做出捐献，然后根据他们是否有捐献，将他们分成"慈善的人"和"不慈善的人"。相对应地，还有一些参加实验者则没有被下这样的结论。过了一段时间后，当再次要求这些人做捐献时，发现那些第一次捐了钱并被认为是"慈善的人"，比那些没有被下过结论的人捐钱要多，而那些第一次被认为是"不慈善的人"，比那些没有被下过结论的人捐献得要少。这种"标签效应"说明（　　）。

A. 在管理过程中，要多使用表扬、赞美等正强化手段，不要使用负强化

B. 正强化比负强化的激励效果好

C. 正强化一定会产生管理者想得到的激励效果

D. 过多使用负强化，会使下属失去信心

20. 双因素理论研究的重点是组织中个人和（　　）的关系问题。赫兹伯格试图证明个人对（　　）在很大程度上决定着任务的成功与失败。

A. 工作　　　　B. 工作态度　　　　C. 企业　　　　D. 工作认识

21. 佛隆的期望理论的基础是（　　），核心是（　　）。

A. 集体利益　　B. 单向期望　　　　C. 自我利益　　D. 双向期望

22. 根据赫兹伯格的双因素理论，（　　）属于保健因素。

A. 工作本身　　B. 工作富有成就感　C. 工资待遇　　D. 人际关系

23. 造成职工不公平感的原因有（　　）。

A. 客观分配的不公平　　　　　　　　B. 奖酬的绝对数量

C. 付出劳动的绝对数量　　　　　　　　D. 个人在认知上的主观片面性

24. 激励的措施和方法主要有（　　）。
A. 绝对激励　　　　B. 精神激励　　　　C. 物质激励　　　　D. 相对激励

25. 根据马斯洛的需要层次理论，爱和归属的需要包括（　　）。
A. 情感、友谊　　　B. 归属感　　　　　C. 爱的付出与获得　D. 社会活动

26. 根据激励对象的不同方面，可以将激励分为（　　）。
A. 激励的内容理论　　　　　　　　　　B. 激励的过程理论
C. 激励的结果理论　　　　　　　　　　D. 激励的强化理论

27. 公平理论中，员工选择的有自己进行比较的参照类型有（　　）。
A. 其他人　　　　　B. 制度　　　　　　C. 自我　　　　　　D. 环境

28. 期望理论中，员工对待工作的态度依赖于对（　　）的判断。
A. 努力—绩效的联系　　　　　　　　　B. 个人目标—组织目标的联系
C. 奖赏—个人目标的联系　　　　　　　D. 绩效—奖赏的联系

29. 关于期望理论下列说法正确的有（　　）。
A. 基础是自我利益
B. 核心是双向期望
C. 关键是正确识别个人目标和判断三种联系
D. 由美国心理学家弗鲁姆在20世纪60年代中期提出并形成

30. 常用的激励方式有（　　）。
A. 工作激励　　　　B. 成果激励　　　　C. 批评激励　　　　D. 培训教育激励

31. 激励是指那些导致有利于实现组织目标的自觉行动的发起、发展、坚持的心理过程，所以（　　）。
A. 激励都表现为"我要做"而不是"要我做"
B. 激励都表现为"要我做"而不是"我要做"
C. 激励是一种组织现象，而不是一种个人现象
D. 从激励行为本身来看，激励行为总是主动的

32. 过程型激励理论主要研究（　　）。
A. 激发动机的诱因，什么样的需要才会产生激励
B. 员工面对激励措施，如何选择行为方式去满足他们的需要，以确定其行为方式的选择是否成功
C. 人的行为是怎样被激发、引导、维持与阻止的
D. 从动机产生到采取行为的心理活动过程

33. 根据研究人员的研究，主要的激励因素包括（　　）。
A. 晋升　　　　　　B. 金钱　　　　　　C. 竞争　　　　　　D. 荣誉

34. 激励—保健理论将以下哪些内容看作保健因素（　　）。
A. 责任感　　　　　B. 人际关系　　　　C. 工作条件　　　　D. 报酬

35. 需要层次理论把人类的多种需要划分为5个层次：生理需要、（　　）、社交需要、（　　）与（　　）。
A. 安全需要　　　　B. 生活需要　　　　C. 尊重需要　　　　D. 自我实现需要

36. 强化理论认为（　　）。
A. 人的行为结果对自己有利时，这种行为可以重复出现

B. 人的行为受外部环境影响

C. 人的行为结果对自己不利时，这种行为会消退和终止

D. 人的行为受内心活动影响

37. 期望理论认为激励力量的大小取决于达到目标的效价和期望值两个因素，（   ）。

  A. 效价越小，激励力量越大　　　　　　B. 效价越大，激励力量越大

  C. 期望值越大，激励力量越小　　　　　　D. 期望值越大，激励力量越大

38. 双因素理论认为哪些因素属于保健因素（   ）。

  A. 工作环境　　　　B. 成就感　　　　C. 晋升机会　　　　D. 福利与保障

39. 以下选项属于人员激励的特点的有（   ）。

  A. 以人为中心　　　B. 需求是动态的　　C. 对象是差异的　　D. 能力是有限的

40. 激励—保健理论将以下哪些内容看作激励因素（   ）。

  A. 责任感　　　　　B. 人际关系　　　　C. 工作条件　　　　D. 晋升

三、判断题（对的画√，错的画×）

（　　）1. 马斯洛认为人们需求满足都是从低到高的过程。

（　　）2. 研究发现，良好的激励环境中员工效率比缺乏激励的组织环境中增加了3~4倍，所以，在企业班组管理中，只有积极进取的员工才需要被激励。

（　　）3. 所谓"目标激励"就是我们平时所讲的激将法。

（　　）4. 自我激励适合所有人，可以作为一种日常激励方式。

（　　）5. 期望理论的员工判断依据是员工个人的感觉，与实际情况无关。期望理论的假设是管理者并不知道什么对员工最有吸引力。

（　　）6. 人的需要是多种多样的，一个人在不同时期可能有许多种不同的需要；即使在同一时期，也可能存在好几种程度不同、作用不同的需要。

（　　）7. 马斯洛认为，需要的层次性应该由其迫切性来决定。这就是说，人虽然有多重需要，但这些需要并不是在同时以同样的程度影响人们的行为的。在一定的时期，只有表现最强烈、感觉最迫切的需要才引发人们的动机，影响人们的行为。

（　　）8. 公平理论也称为社会比较理论。这种激励理论主要讨论报酬的公平性对人们工作积极性的影响。人们通过两方面的比较来判断其所获报酬的公平性，即横向和纵向的比较。

（　　）9. 为员工提供美味的工作餐和送健身器材都属于精神激励。

（　　）10. 为员工提供美味的工作餐和送健身器材都属于福利激励。

（　　）11. 赫兹伯格的双因素理论试图证明个人对工作的态度在很大程度上决定着任务的成功与失败。

（　　）12. 美国管理专家米契尔·拉伯福曾说过："我们宣布讲究实绩，注重实效，却往往激励了那些专会做表面文章、投机取巧的人。"

（　　）13. 一个好的制度应该是简洁明了，容易被人接受的。

（　　）14. 强化理论认为：行为是结果的函数。

（　　）15. "一刀切"对所有员工采用同样的激励手段，结果会适得其反。

（　　）16. 许多企业都在公司员工的衣服上贴有公司名称、职位等标签，其目的是激发员工成就感。

（　　）17. 平均主义的"大锅饭"做法，可以保持一团和气，真正调动大家的积极性。

（　　）18. 班组激励技巧是指班组长对班组成员实施行为的过程中，致使员工动作失常、行为扭曲、动力反向，从而导致激励失效或效率弱化的思想认识偏差。

（　　）19. 班组长如果只考虑正面的奖励措施，而忽视或根本就不考虑约束和惩罚措施，或者有些可能也制定一些约束处罚措施，但碍于各种原因，没有坚决执行而流于形式，往往难以达到预期效果。

（　　）20. 目标协调指的是实现企业目标的同时，必须满足员工的个人目标。

（　　）21. 利益兼顾即兼顾组织、团体和个人的利益，在三者之间找到一个平衡点。

（　　）22. 班组长了解员工需要的强度、需要的结构、满足需要的方法，可以增强激励的针对性和有效性。

（　　）23. 重视员工的需要也体现"以人为本"的管理思想。班组长应该采取一些科学的调查手段，可以仅仅局限于谈心、观察等经验性手段。

（　　）24. 公平理论是由美国的管理心理学家亚当斯提出的，亚当斯的这一理论主要是为了解决报酬分配的合理性、公平性问题。

（　　）25. 人们由需要而产生动机，由动机而产生行为，由行为而产生效果，由效果不一定产生激励。

（　　）26. 一般来说，人们都很重视物质激励，但真正长久而深入人心的是情感和实现自我价值的激励。

（　　）27. 应该激励的人，才给予激励；不应该激励的人，不必给予激励。同样的，应该激励的时候，才能实施激励；不应该激励的时候，坚决不能激励。

（　　）28. 承认人在生产中的决定性作用，必须依靠人。依靠人的基础是表扬人。

（　　）29. 作为班组长，没有很大的物质激励权力，运用更多的是无形的精神激励方法。例如，情感激励、文化激励、尊重激励、宽容激励等。

（　　）30. 正激励是指班组长对员工的肯定、承认、赞扬、奖赏、信任等具有正面意义的激励方法；负激励是指班组长对员工的否定、约束、冷落、批评、惩罚等具有负面意义的激励方法。

四、简答题

1. 简述人员激励的功能。
2. 简述人员激励的特点。
3. 简述激励应遵循的原则。
4. 简述常见的激励理论。
5. 简述激励的程序。
6. 简述班组激励的误区。
7. 简述激励的核心内容。
8. 简述班组长常用的激励技巧。
9. 简述马斯洛需要层次理论的层级。
10. 简述激励手段的选择和运用。

第六章

班组执行力试题

一、**单项选择题**（每题有4个选项，只有1个是正确的，将正确的选项填入括号内）

1. 在管理领域，"执行"的意义主要有两种，一是对规划的实施，前提是已经有了规划；二是完成某种困难的事情或变革。在中国，"执行"本来不是常用的叫法，习惯上称为（　　）。
   A. 贯彻　　　　　　B. 传达　　　　　　C. 落实　　　　　　D. 实施

2. 执行力最早是由拉里·博西迪和拉姆查兰提出的。执行力不仅是一个（　　）的问题，也是一个战略层面上的问题。它是一个系统工程，更是一门学问。它必须充分融入一个公司，渗透到它的战略、目标、文化等各个方面。
   A. 企业发展上　　　　　　　　　B. 战术层面上
   C. 企业管理上　　　　　　　　　D. 企业提高工作效率

3. 美国资深的企业家保罗·托马斯和企业管理学家大卫·伯恩提出：执行力不只是那些（　　），它是一整套非常具体的行为和技术，它们能帮助公司在任何情况下得以建立和维系自身的竞争优势。
   A. 要落实的细则　　　　　　　　B. 要执行的制度
   C. 能够完成或者不能够被完成的东西　　D. 要履行的职责

4. 执行本身就是一门学问，因为人们永远不可能通过思考而养成一种新的（　　），而只能通过实践来学会一种新的思考方式。执行力在企业竞争中具有举足轻重的地位。
   A. 实践习惯　　　　B. 制度　　　　　　C. 责任　　　　　　D. 目标

5. 执行力最早是由拉里·博西迪和拉姆查兰提出的。执行力不仅是一个战术层面上的问题，也是一个（　　）的问题。它是一个系统工程，更是一门学问。它必须充分融入一个公司，渗透到它的战略、目标、文化等各个方面。
   A. 企业发展上　　　　　　　　　B. 战略层面上
   C. 企业管理上　　　　　　　　　D. 企业提高工作效率

6. 为了改善工作流程，提高执行效能，使用的方法有：执行前，有目标有计划；执行中，有组织有控制；执行后，（　　）。
   A. 有奖励有惩罚　　B. 有数据有人员　　C. 有结果有数据　　D. 有评估有反馈

7. 个体执行力是指一个人的执行力或（　　）执行力等，就是按质、按量、按时完成自己的工作任务，将想法变成行动，将行动变成结果，把想干的事干成功的能力。
   A. 一个团队的　　　B. 某一件事的　　　C. 一项任务的　　　D. 一个工程的

8. 我国在借鉴国外先进经验的基础上，不断寻求适合我们自己的执行力模式。通过总

055

结，执行力包括（　　）和组织执行力。

  A. 团队执行力 B. 团队凝聚力 C. 个体履职能力 D. 个体执行力

9. 我国在借鉴国外先进经验的基础上，不断寻求适合我们自己的执行力模式。通过总结，执行力包括个体执行力和（　　）。

  A. 团队执行力 B. 团队凝聚力 C. 个体履职能力 D. 组织执行力

10. 组织执行力是指（　　）在达成目标过程中对所有影响最终目标达成效果的因素，进行规范、控制及整合运用的能力，也就是将长期战略一步步落到实处的能力。

  A. 企业 B. 组织 C. 企业组织 D. 组织企业

11. 执行本身就是一门学问，因为人们永远不可能通过思考而养成一种新的实践习惯，而只能通过实践来学会一种新的（　　）。执行力在企业竞争中具有举足轻重的地位。

  A. 思考方式 B. 制度 C. 责任 D. 目标

12. 个体执行力是指（　　）的执行力或某一件事的执行力等，就是按质、按量、按时完成自己的工作任务，将想法变成行动，将行动变成结果，把想干的事干成功的能力。

  A. 一个团队 B. 一个人 C. 一项任务 D. 一个工程

13. 班组执行力就是（　　）执行力。

  A. 组织的   B. 团队的

  C. 由班组成员组成的团队的 D. 个人执行力组成的

14. 班组执行力具体是指（　　）如何贯彻落实上级的决定、各项规章制度，带领班组成员，完成生产计划，在保证质量和效益的基础上高效率完成任务，并对各岗位进行严格监督、检查及纠正在执行过程存在的偏差和执行不力的情况。

  A. 班组团队 B. 班组长 C. 班组成员 D. 班组每个人

15. 在企业中，对班组执行力的要求不仅仅是（　　）工作任务，而是高质量高效率地完成任务。

  A. 完成 B. 按时完成 C. 超前完成 D. 超额完成

16. 所谓高效执行，指的是（　　）、有计划地运用科学方法、手段或策略让任务或所应做到的事高质量、高效率运行，并最终达成目标。

  A. 有规划 B. 有进度 C. 有目标 D. 有监督

17. 所谓高效执行，指的是有目标、有计划地运用（　　）、手段或策略让任务或所应做到的事高质量、高效率运行，并最终达成目标。

  A. 激励 B. 考核 C. 科学方法 D. 有效监督

18. 提升班组执行力，需要制度的保障，包括两个方面，一是建立健全制度并加以落实，二是（　　）。

  A. 有监督机制   B. 有落实人员

  C. 实施有效的奖惩机制   D. 有保障制度

19. 一个班组的成功是要靠出色的执行力来做保证的。（　　）是实现班组最终目标的保证，是贯彻落实决策部署的保证，是提升班组工作效率的保证。

  A. 执行 B. 执行力 C. 高效执行力 D. 有计划的执行力

20. 有效执行的基本原则有利益原则、20/80的聚焦原则、开发原则、分层原则、（　　）

和杠杆原则。

A. 平等原则 B. 事实与数据原则 C. 激励原则 D. 合作原则

21. 企业最终的执行者是班组长和员工，无论是对于个体还是整个组织来说，执行力都主要包括三个方面的要素，即（　　）、执行能力和执行保障。

A. 执行效率 B. 执行进度 C. 执行考核 D. 执行动力

22. 在企业中，对班组执行力的要求不仅仅是按时完成工作任务，而是（　　）地完成任务。

A. 高质量 B. 高质量高效率 C. 高效率 D. 高质量超前

23. 企业最终执行者是班组长和员工，无论是对于个体还是整个组织来说，执行力都主要包括三个方面的要素，即执行动力、（　　）和执行保障。

A. 执行效率 B. 执行进度 C. 执行能力 D. 执行考核

24. 一个班组的成功要靠出色的执行力来做保证。高效执行力是实现班组最终目标的保证，是贯彻落实决策部署的保证，是提升（　　）的保证。

A. 执行 B. 班组工作效率 C. 执行力 D. 有计划的执行力

25. 班组执行不力的原因很多，常见的有（　　）不明确、工作态度不积极、素质技能不过关、人员分配不合理、工作流程不完善、沟通渠道不畅通、制度不执行、奖惩激励不规范。

A. 目标 B. 工作职责 C. 要求 D. 标准

26. 高效执行的前提是执行个体具有较强的执行动力，执行力的动力源泉是（　　）。

A. 工作态度 B. 工作热情 C. 个人爱好 D. 激励制度

27. 班组执行不力的原因很多，常见的有工作职责不明确、工作态度不积极、素质技能不过关、人员分配不合理、工作流程不完善、沟通渠道不畅通、制度不执行、（　　）不规范。

A. 工作目标 B. 工作条件 C. 工作标准 D. 奖惩激励

28. 企业最终执行者是班组长和员工，无论是对于个体还是整个组织来说，执行力都主要包括三个方面的要素，即执行动力、执行能力和（　　）。

A. 执行效率 B. 执行进度 C. 执行保障 D. 执行考核

29. 企业班组的执行能力包括人员的素质与技能，无论是班组长还是班组成员，都需要不断丰富自己的知识和提升自己的技能。执行力的能力基础是（　　）。

A. 任职资格 B. 学习能力 C. 知识技能 D. 合作精神

30. 企业中员工执行好与不好，落实得到位还是不到位，是需要制度来提供保障的，比如监督考核制度、奖惩激励机制等。所以说执行力的落实保障是（　　）。

A. 考核结果 B. 制度保障 C. 激励手段 D. 监督机制

31. 班组执行不力有很多种表现，在企业中存在比较广泛的三种执行不力表现为（　　）、形式执行、低效执行。

A. 人浮于事 B. 消极执行 C. 好好先生 D. 不痛不痒

32. （　　）就是对班组任务不求进取的、消沉的执行。工作上习惯推脱应付，对于上级领导安排的任务能推就推，如果实在推不掉，也是拖拖拉拉。

A. 人浮于事 B. 消极执行 C. 形式执行 D. 低效执行

33. （　　）是指搞形式主义，做面子工作。例如领导检查前，会花大量时间去补写各种资料及会议记录，为的就是应付检查，而没有起到真正指导实践工作的作用，浪费了时间和精力。

　　A. 人浮于事　　　　B. 消极执行　　　　C. 形式执行　　　　D. 低效执行

34. 企业管理中存在的一大弊病，就是效率低下，在班组中同样存在这样的问题。一项工作任务下达后，不能在规定的时间范围内完成，耗时长，效率低，就是典型的（　　）。

　　A. 人浮于事　　　　B. 消极执行　　　　C. 形式执行　　　　D. 低效执行

35. 要做到高效执行，一定不要盲目着手，而是先要进行一番筹划，做好充分准备，创造（　　），这样会大大提高办事效率，要知道"磨刀不误砍柴工"。

　　A. 更大的价值　　　　　　　　　　B. 更多的机遇
　　C. 完成工作的有利条件　　　　　　D. 更多的产量

36. 班组执行不力的原因很多，常见的有工作职责不明确、工作态度不积极、（　　）不过关、人员分配不合理、工作流程不完善、沟通渠道不畅通、制度不执行、奖惩激励不规范。

　　A. 学历要求　　　　B. 岗位操作　　　　C. 素质技能　　　　D. 工作标准

37. 有效执行的基本原则有（　　）、20/80的聚焦原则、开发原则、分层原则、事实与数据原则和杠杆原则。

　　A. 平等原则　　　　B. 利益原则　　　　C. 激励原则　　　　D. 合作原则

38. 企业的目的是获取经济利益，只有获利的企业才能生存。员工所有的行动都必须围绕着这个（　　）。

　　A. 平等原则　　　　B. 利益原则　　　　C. 激励原则　　　　D. 合作原则

39. （　　）是指一个企业要想从根本上提升执行力，必须对人力资源进行开发，要重视对员工的培训。

　　A. 平等原则　　　　B. 开发原则　　　　C. 激励原则　　　　D. 合作原则

40. 为了有效地促进员工的工作热情和干劲，并对他们的工作业绩做出评价，管理者对员工实行定期或不定期的考核。考核的标准有很多，但必须以（　　）为原则。

　　A. 平等　　　　　　B. 开发　　　　　　C. 激励　　　　　　D. 事实与数据

41. （　　）其实就是激励原则。基层管理者要在班组中建立起一套行之有效的激励体系，通过它能奖优罚劣，多劳多得。

　　A. 平等原则　　　　B. 开发原则　　　　C. 杠杆原则　　　　D. 合作原则

42. （　　）管理是指管理者围绕企业的发展确定相关目标，并对目标的开展与执行进行一系列的管理活动。

　　A. 团队　　　　　　B. 目标　　　　　　C. 企业　　　　　　D. 班组

43. 实施目标管理，制定科学合理的目标要遵守以下五个原则：明确、（　　）、可执行、符合实际、有时限。

　　A. 可细化　　　　　B. 可量化　　　　　C. 能参与　　　　　D. 有价值

44. 打造高效执行力班组，首要任务就是（　　），有了目标，才能确定具体工作，确定每位员工的具体工作职责。

　　A. 组建团队　　　　B. 管理好成员　　　C. 明确目标　　　　D. 明确分工

45. 实施目标管理，明确工作职责，包括以下6方面的内容，即制定目标的原则、学会分解目标、（　　）、及时调整目标、制定工作计划和明确工作职责。
    A. 细化目标　　　　B. 落实目标　　　　C. 确定关键目标　　D. 目标分解到人

46. 从组织角度上来说，提升员工技能水平最有效的办法主要包括以下五个方面：内部培训、技能竞赛、（　　）、外出学习、岗位练兵。
    A. 小组讨论　　　　B. 自己努力　　　　C. 提升学历　　　　D. 职工大讲堂

47. 有了明确合理的目标，还要学会（　　），将目标分解成一系列的子目标，并把这些目标融入每一个员工的心中，落实到每一个员工的行为中。
    A. 细化目标　　　　B. 落实目标　　　　C. 理解目标　　　　D. 分解目标

48. 目标分解包括空间目标分解和（　　）分解。
    A. 细化　　　　　　B. 落实　　　　　　C. 时间目标　　　　D. 符合实际

49. 实施目标管理，制定科学合理的目标要遵守以下五个原则：明确、可量化、可执行、符合实际、（　　）。
    A. 可细化　　　　　B. 可实现　　　　　C. 有价值　　　　　D. 有时限

50. （　　）就是将组织总目标分解为部门目标、个体目标，一级一级分解下去，这样各级目标才能得到有效落实。目标的分解要求在保证企业目标实现的前提下层层分解，并在分解过程中上下沟通，达成共识。
    A. 组织目标分解　　B. 团队目标分解　　C. 空间目标分解　　D. 时间目标分解

51. （　　）是将总目标按照时间段划分为短期目标、中期目标和长期目标。短期目标是未来近一两年要实现的目标，中期目标是未来5年要实现的目标，而长期目标是未来10年要实现的目标。
    A. 组织目标分解　　B. 团队目标分解　　C. 空间目标分解　　D. 时间目标分解

52. 总目标分解成多个相互关联的分目标后，就要确定哪些是重点的目标，并按照（　　）分配资源来实现。
    A. 由高到低　　　　B. 由大到小　　　　C. 目标的轻重缓急　D. 目标级别

53. 企业有时不能完成预定目标，不一定就是目标制定得不合理，有可能是企业内部潜在的因素阻碍了企业目标的实现。当企业未达到既定目标时，要先了解实际情况，积极找出问题并加以解决，根据企业的内部环境和外部环境的变化及时（　　）。
    A. 终止目标　　　　B. 保留目标　　　　C. 调整目标　　　　D. 废除目标

54. 调动员工工作积极性，管理者主要从三个方面着手，一是要加强员工政治思想教育，二是要实行民主集中，三是要（　　）。
    A. 制定激励制度　　　　　　　　　　B. 制定分期目标
    C. 以身作则　　　　　　　　　　　　D. 废除不合理的制度

55. 实施目标管理，制定科学合理的目标要遵守以下五个原则：明确、（　　）、可执行、符合实际、可落实。
    A. 可细化　　　　　B. 可量化　　　　　C. 能参与　　　　　D. 有时限

56. 从组织角度上来说，提升员工技能水平最有效的办法主要包括以下五个方面：内部培训、（　　）、职工大讲堂、外出学习、岗位练兵。
    A. 小组激励　　　　B. 自己努力　　　　C. 提升学历　　　　D. 技能竞赛

57. 对于企业来说，最重要的三个核心流程分别是人员流程、战略流程和（　　）。
　　A. 工序流程　　　　B. 生产流程　　　　C. 执行流程　　　　D. 运营流程
58. 人员流程是指用正确的人做事，（　　）是指做正确的事，运营流程是指正确地做事。
　　A. 生产流程　　　　B. 战略流程　　　　C. 执行流程　　　　D. 工序流程
59. 提升班组执行力，科学组织分工，激发员工潜能，班组长要注重以下三个方面：一是了解员工，二是分配员工，三是（　　）。
　　A. 优化工作流程　　　　　　　　　　B. 优化管理制度
　　C. 合理利用员工　　　　　　　　　　D. 注重内部员工的提升
60. 流程是组织控制的基础，是实现组织规范化管理的重要工具。流程的核心是管理的（　　），就是让不同的人，在不同的时间地点，做同样的事情能得到相同的结果。
　　A. 架构　　　　　　B. 对象　　　　　　C. 执行　　　　　　D. 标准化和程序化

二、多项选择题（每题有4个选项，至少有2个是正确的，将正确的选项填入括号内）

1. 执行力最早是由拉里·博西迪和拉姆查兰提出的。执行力不仅是一个（　　）的问题，也是一个（　　）的问题，它是一个（　　），更是一门学问，它必须充分融入一个公司，渗透到它的战略、目标、文化等各个方面。
　　A. 战术层面上　　　　　　　　　　　B. 战略层面上
　　C. 企业规划发展的问题　　　　　　　D. 系统工程
2. 美国资深的企业家保罗·托马斯和企业管理学家大卫·伯恩提出：执行力不只是那些（　　）或者（　　）的东西，它是一整套非常具体的行为和技术，它们能帮助公司在任何情况下得以建立和维系自身的竞争优势。
　　A. 要落实的细则　　B. 要执行的制度　　C. 能够完成　　　　D. 不能够被完成
3. 执行本身就是一门学问，因为人们永远不可能通过思考而养成一种新的（　　），而只能通过（　　）来学会一种新的思考方式。执行力在企业竞争中具有举足轻重的地位。
　　A. 实践习惯　　　　B. 实践　　　　　　C. 认识　　　　　　D. 制度
4. 我国在借鉴国外先进经验的基础上，不断寻求适合我们自己的执行力模式。通过总结，执行力包括（　　）和（　　）。
　　A. 团队执行力　　　B. 团队凝聚力　　　C. 个体执行力　　　D. 组织执行力
5. 个体执行力是指（　　）执行力或（　　）执行力等，就是按质、按量、按时完成自己的工作任务，将想法变成行动，将行动变成结果，把想干的事干成功的能力。
　　A. 一个人的　　　　B. 某一件事的　　　C. 一项任务的　　　D. 一个工程的
6. 班组执行力就是由班组成员组成的团队的执行力。具体是指（　　）如何贯彻落实（　　）、各项规章制度，带领班组成员，完成生产计划，在保证质量和效益的基础上高效率完成任务，并对各岗位进行严格监督、检查，纠正在执行过程存在的偏差及执行不力的情况。
　　A. 团队　　　　　　B. 班组长　　　　　C. 组织的　　　　　D. 上级的决定
7. 在企业中，对班组执行的要求不仅仅是（　　），而是（　　）。
　　A. 按时完成工作任务　　　　　　　　B. 完成工作任务

C. 高质量高效率地完成任务　　　　　　D. 高质量高效率地超前完成任务

8. 所谓高效执行，指的是（　　）、（　　）运用科学方法、手段或策略让任务或所应做到的事高质量、高效率地得到运行，并最终达成目标。

A. 有规划　　　　B. 有进度　　　　C. 有目标　　　　D. 有计划

9. 同样的一项工作任务，在同样的工作环境和资源条件下，由于执行个体的不同，执行的结果也是不同的。因此，执行者的（　　）与（　　）决定最终的执行效果。

A. 职级　　　　　B. 岗位　　　　　C. 自身素质　　　D. 技能

10. 一个班组的成功是要靠出色的执行力来做保证的。高效执行力是实现（　　）的保证，是贯彻落实（　　）的保证，是提升（　　）的保证。

A. 执行　　　　　B. 班组最终目标　C. 决策部署　　　D. 班组工作效率

11. 企业最终执行者是班组长和员工，无论是对于个体还是整个组织来说，执行力都主要包括三个方面的要素，即（　　）、（　　）、（　　）。

A. 执行效率　　　B. 执行动力　　　C. 执行能力　　　D. 执行保障

12. 执行力三要素中执行动力、执行能力分别对应员工的（　　）和（　　）。

A. 工作热情　　　B. 工作态度　　　C. 知识技能　　　D. 团队合作

13. 班组执行不力的原因很多，常见的有工作职责不明确、工作态度不积极、（　　）不过关、人员分配不合理、（　　）不完善、沟通渠道不畅通、制度不执行、奖惩激励不规范。

A. 工作目标　　　B. 工作条件　　　C. 素质技能　　　D. 工作流程

14. 从组织角度上来说，提升员工技能水平最有效的办法主要包括以下五个方面：内部培训、技能竞赛、职工大讲堂、（　　）、（　　）。

A. 小组讨论　　　B. 提升学历　　　C. 外出学习　　　D. 岗位练兵

15. 调动员工工作积极性，管理者主要从三个方面着手：一是要（　　），二是要（　　），三是要（　　）。

A. 加强员工政治思想教育　　　　　　B. 实行民主集中
C. 以身作则　　　　　　　　　　　　D. 废除不合理的制度

16. 执行力三要素中执行保障指的是（　　），如（　　）、（　　）等。

A. 制度保障　　　B. 监督考核制度　C. 奖惩激励机制　D. 团队合作

17. 班组执行不力有很多种表现，在企业中存在比较广泛的三种执行不力表现为（　　）、（　　）、低效执行。

A. 人浮于事　　　B. 消极执行　　　C. 形式执行　　　D. 不痛不痒

18. 实施目标管理，明确工作职责，包括以下6个方面的内容，即制定目标的原则、学会（　　）、确定（　　）、及时调整目标、制定工作计划、明确工作职责。

A. 细化目标　　　B. 分解目标　　　C. 关键目标　　　D. 目标分解到人

19. 班组执行不力的原因很多，常见的有工作职责不明确、工作态度不积极、素质技能不过关、人员分配不合理、工作流程不完善、（　　）不畅通、（　　）不执行、奖惩激励不规范。

A. 沟通渠道　　　B. 工作条件　　　C. 工作标准　　　D. 制度

20. 班组执行不力的原因很多，常见的有工作职责不明确、工作态度不积极、素质技能不过关、（　　）不合理、工作流程不完善、（　　）不规范。

　　A. 工作态度　　　　B. 工作职责　　　　C. 人员分配　　　　D. 奖惩激励

21. 有效执行的基本原则有：利益原则、20/80 的聚焦原则、开发原则、分层原则、（　　）和（　　）。

　　A. 平等原则　　　　B. 事实与数据原则　　C. 激励原则　　　　D. 杠杆原则

22. 实施目标管理，明确工作职责，包括以下 6 个方面的内容，即（　　）原则、学会分解目标、确定关键目标、及时调整目标、制定工作计划、明确（　　）。

　　A. 细化目标　　　　B. 落实目标　　　　C. 制定目标　　　　D. 工作职责

23. 制度的制定是让员工有约束自己行为的准则，制度的落实需要班组长注意三个方面的问题：一是班组长自己要起到带头作用，二是（　　），三是（　　）。

　　A. 要制定落实制度的方案　　　　　　B. 要确定落实的人员
　　C. 要建立群众监督机制　　　　　　　D. 要建立起全员遵守规章制度的氛围

24. 班组执行不力的原因很多，常见的有（　　）不明确、（　　）不积极、素质技能不过关、人员分配不合理、工作流程不完善、沟通渠道不畅通、制度不执行、奖惩激励不规范。

　　A. 工作目标　　　　B. 工作职责　　　　C. 工作态度　　　　D. 标准

25. 人员流程是指用正确的人做事，战略流程是指（　　），运营流程是指（　　）。

　　A. 生产流程　　　　B. 做正确的事　　　　C. 正确地做事　　　D. 工序流程

26. 实施目标管理，明确工作职责，包括以下 6 个方面的内容，即制定目标的原则、学会分解目标、确定关键目标、及时（　　）、制定（　　）、明确工作职责。

　　A. 细化目标　　　　B. 调整目标　　　　C. 确定关键目标　　　D. 工作计划

27. 要想让企业形成执行力，将企业塑造成一个执行力组织，就必须首先在企业内部，从两方面抓起，一是（　　），二是（　　）。

　　A. 扩大企业文化宣传　　　　　　　　B. 构建企业执行文化
　　C. 健全企业执行机制　　　　　　　　D. 营造班组敬业氛围

28. 目标分解包括（　　）和（　　）。

　　A. 班组目标分解　　　　　　　　　　B. 个人目标分解
　　C. 空间目标分解　　　　　　　　　　D. 时间目标分解

29. 调动员工工作积极性，管理者主要从三个方面着手，一是要加强员工政治思想教育，二是要（　　），三是要（　　）。

　　A. 制定激励制度　　　　　　　　　　B. 实行民主集中
　　C. 以身作则　　　　　　　　　　　　D. 废除不合理的制度

30. 从组织角度上来说，提升员工技能水平最有效的办法主要包括以下五个方面：内部培训、（　　）、（　　）、外出学习、岗位练兵。

　　A. 小组讨论　　　　B. 技能竞赛　　　　C. 职工大讲堂　　　D. 提升学历

31. 对于企业来说，最重要的三个核心流程分别是人员流程、（　　）和（　　）。

　　A. 执行流程　　　　B. 生产流程　　　　C. 战略流程　　　　D. 运营流程

32. 人员流程是指用正确的人做事，（　　）是指做正确的事，（　　）是指正确地做事。

　　A. 生产流程　　　　B. 战略流程　　　　C. 运营流程　　　　D. 工序流程

33. 提升班组执行力，科学组织分工，激发员工潜能，班组长要从以下三方面做起：一是（　　），二是（　　），三是注重内部员工的提升。
　　A. 优化工作流程　　B. 优化管理制度　　C. 了解员工　　D. 分配员工
34. 流程是组织控制的基础，是实现组织规范化管理的重要工具。流程的核心是管理的（　　），就是让不同的人，在不同的时间地点，做同样的事情能得到（　　）。
　　A. 架构　　B. 对象　　C. 标准化和程序化　　D. 相同的结果
35. 为了改善工作流程，提高执行效能，使用的方法有：执行前（　　），执行中（　　），执行后（　　）。
　　A. 有奖励有惩罚　　B. 有目标有计划　　C. 有组织有控制　　D. 有评估有反馈
36. 人员流程是指（　　），战略流程是指（　　），运营流程是指（　　）。
　　A. 正确的人员架构　　B. 用正确的人做事　　C. 做正确的事　　D. 正确地做事
37. 提升班组执行力，需要有制度的保障，健全规章制度，完善奖惩机制，有两个方面，一是（　　），二是（　　）。
　　A. 有监督机制　　　　　　　　B. 有落实人员
　　C. 建立健全制度并加以落实　　D. 实施有效的奖惩机制
38. 下列选项属于班组执行不力表现的是（　　）。
　　A. 实施目标管理　　B. 消极执行　　C. 形式执行　　D. 低效执行
39. 企业文化是指企业的环境或个性及其他所有的方方面面。从根本上说，企业文化就是企业成员所（　　）和（　　）的综合。
　　A. 共同认可的理念　　B. 共享的价值观念　　C. 各种规范　　D. 行为规范
40. 建立执行文化企业，企业应从以下六个方面入手：一是讲求速度，二是（　　），三是责任导向，四是（　　），五是用人文化，六是（　　）。
　　A. 讲求效率　　B. 团队协作　　C. 绩效导向　　D. 爱心文化

三、判断题（对的画√，错的画×）

（　　）1. 执行力，在现代企业的运作过程中，并不是简单地由个人来达成，而是由组织来达成。
（　　）2. 班组执行力就是由班组成员组成的团队的执行力。
（　　）3. 在企业中，对班组执行力的要求是按时完成工作任务。
（　　）4. 用制度把问题的解决方法固化，有利于企业将战略转化为企业组织能力。
（　　）5. 强化执行力，必须靠制度做保障。
（　　）6. 目标的制定，要让员工也参与进来。
（　　）7. 高效执行力是实现班组最终目标的保证，是贯彻落实决策部署的保证，是提升班组工作效率的保证。
（　　）8. 班组执行力的构成要素，主要包括三个方面，即执行动力、执行能力和执行结果。
（　　）9. 员工的执行动力来自对企业的热爱和工作态度。
（　　）10. 企业班组的执行能力包括人员的素质与技能，无论是班组长还是班组成员，

（　　）11. 在企业中，员工执行好与不好，落实到位还是不到位，是需要监督和跟进来提供保障的。

（　　）12. 制度在一定程度上体现了企业管理者的意志，这种意志带有强迫性和责任感，并要求每一个员工去遵守。

（　　）13. 形式主义，不求进取，低效执行，都是班组执行不力的表现。

（　　）14. 企业的目的是创造财富，有财富的企业才能生存。员工所有的行动都必须围绕着这个原则。

（　　）15. 一个企业要从根本上提升执行力，必须对人力资源进行开发，要重视对员工的管理和人才的利益。

（　　）16. 管理者对员工实行定期或不定期的考核。考核的标准有很多，但必须以事实和数据为原则。

（　　）17. 在班组中，班组长是带头人，需要身体力行，给广大员工做一个表率。会执行的管理者凡事要自己亲自体验，亲自做，而不是指挥和激励别人。

（　　）18. 目标管理是指管理者围绕企业的发展确定相关目标，并对目标的开展与执行进行一系列的管理活动。

（　　）19. 制定科学合理的目标要遵守以下五个原则：明确、可量化、可执行、符合实际、有结果。

（　　）20. 打造高效执行力班组，首要任务就是明确目标，有了目标，才能确定具体工作，确定每位员工的具体工作职责。

（　　）21. 对于一个班组来说，员工的技术水平参差不齐，为提高队伍的整体素质，应该加强考核，优胜劣汰。

（　　）22. 班组长的工作直接影响到企业战略的落实情况，直接左右着企业规章制度实施的情况，没有责任心的班组长一定带不出有责任心的员工。

（　　）23. 一个班组就是一个团队，班组的良好运转需要班组成员团结合作，协调一致，形成一股合力。

（　　）24. 对于企业员工来说，要学习新知识，提升新技能，可以通过"技能竞赛"的方式来进行学习，掌握更多更全面的知识，拓宽自己的知识面，提升自身的技能水平。

（　　）25. 对于企业来说，重要的三个核心流程分别是人员流程、战略流程和运营流程，在这三个流程里面，最重要的就是战略流程。

（　　）26. 制度的制定是让员工有约束自己行为的准则，它能否产生效用的关键在于监督。

（　　）27. 提高执行力，需要有制度的保障，有了制度，还需要管理者与员工的常抓不懈，养成好的工作习惯，按照制度去执行，这样才能发挥制度的保障作用。

（　　）28. 流程是组织控制的基础，是实现组织规范化管理的重要工具，是组织执行力形成的基础。流程的核心是管理的标准化和程序化。

（　　）29. 企业执行文化的构建需要企业管理者的大力倡导和员工的支持，构建强有力的执行文化，必须与员工的素质相结合。

（　　）30. 班组的沟通主要目的就是要建立班组长和员工之间的开放、自由、充分的沟通机制，建立班组与班组、领导与员工、员工与员工之间的沟通渠道，打破交流障碍，营造良好的沟通氛围。

四、简答题

1. 简述班组执行力的重要性。
2. 简述班组执行力的构成要素。
3. 简述班组执行不力的表现及原因。
4. 简述有效执行的基本原则。
5. 简述提升执行力的技巧和方法。
6. 简述实施目标管理的内容。
7. 如何调动员工工作的积极性？
8. 从组织角度出发，如何加强员工技能培养，提高员工技能水平？
9. 从组织角度出发，如何科学组织分工，激发员工潜能？
10. 如何改善工作流程，提高执行效能？

第七章

压力管理试题

一、单项选择题（每题有4个选项，只有1个是正确的，将正确的选项填入括号内）

1. 当员工处于低迷状态时，班组长正确的做法是（　　）。
   A. 加压　　　　　　　　　　　　B. 进行预防性压力管理
   C. 减轻负担　　　　　　　　　　D. 不增压也不减压

2. 压力的两重性指的是（　　）。
   A. 自我压力，外界压力　　　　　B. 无形压力，有形压力
   C. 定时压力，定量压力　　　　　D. 积极压力，消极压力

3. 员工长期承受压力，对企业来说（　　）。
   A. 是好事情，做事更积极　　　　B. 是一种损失
   C. 没影响　　　　　　　　　　　D. 是管理工作的体现

4. 压力最主要的来源，即造成人的适应性与要面对的要求之间不平衡的最主要来源是（　　）。
   A. 人的思维　　B. 压力环境　　C. 自身能力　　D. 生活方式

5. 班组长制定理想的工作量的做法是（　　）。
   A. 尽量多给员工施加压力　　　　B. 养成员工加班的习惯
   C. 让员工自己控制工作时间　　　D. 给员工足够放松和恢复的时间

6. 克服压力的策略方法是（　　）。
   A. 减少压力　　B. 消灭压力　　C. 舒缓压力　　D. 以上答案都不正确

7. 积极思维的原则是（　　）。
   A. 压力可以产生非常积极的作用
   B. 如果压力持续时间过长，工作效率便开始降低
   C. 工作要求离个人能力差距过大时，产生的消极压力影响是致命的
   D. 完全避免压力是有可能的

8. 为了提高员工的适应能力，班组长做的下列哪件事情不正确（　　）。
   A. 提供做好工作的知识和技能　　B. 提高整体适应力
   C. 给予管理上的支持　　　　　　D. 不断地对员工施加压力

9. 压力最主要的特性是具有（　　）。
   A. 多样性　　　B. 单一性　　　C. 反复性　　　D. 两重性

10. 压力天平中的生理砝码受（　　）影响。
    A. 家庭环境　　B. 工作环境　　C. 企业文化　　D. 生活方式

11. 对于压力信号下列说法正确的是（   ）。
   A. 体重迅速下降/增加属于预警信号
   B. 注意力不集中、健忘属于警报信号
   C. 长期感到疲劳属于警报信号
   D. 没有安全感、有敌对情绪、无精打采属于警报信号
12. 下列属于压力预警中的生理信号的是（   ）。
   A. 头疼的频率增加   B. 指责、抱怨他人   C. 缺乏注意力   D. 烦躁、喜怒无常
13. 我们平常所说的压力，在专业层面称为压力源，它不包含哪种构成因素（   ）。
   A. 环境因素   B. 组织因素   C. 政治因素   D. 个人因素
14. 当团队员工处于（   ）时需要对其加压。
   A. 一般状态   B. 低迷状态
   C. 理想状态   D. 理想状态和一般状态
15. 对管理需求的理解不正确的是（   ）。
   A. 压力管理的一个要点是注意设定可达到的目标
   B. 授权对那些希望得到控制力的人有帮助
   C. 员工在理想状态下不需要进行压力管理
   D. 一个班组长需要具备各种不同的品格，以促使整个班组发挥最大效应
16. 员工处于（   ）时需要进行预防性压力管理。
   A. 理想状态   B. 一般状态
   C. 低迷状态   D. 理想状态和一般状态
17. "杞人忧天"这个成语故事中"杞人"所受的压力源属于（   ）。
   A. 身体性压力源   B. 心理性压力源   C. 社会性压力源   D. 文化性压力源
18. 压力这一身心反应与你所拥有的（   ）有关。
   A. 学历学识   B. 收入财富   C. 应对资源   D. 职业岗位
19. 有的人在面临压力时会变得嗜烟和嗜酒，这属于压力反应中的（   ）。
   A. 行为反应   B. 情绪反应   C. 认知反应   D. 心理反应
20. 那些表面上光鲜亮丽却承受不了挫折、不耐压的人群被称为（   ）。
   A. 榴梿族   B. 草莓族   C. 液态族   D. 咸鱼族
21. "4.7.8 呼吸法"能有效帮助入睡，关于这个方法的具体操作，下列说法中正确的是（   ）。
   A. 吸气4秒，憋气8秒，呼气7秒   B. 吸气7秒，憋气4秒，呼气8秒
   C. 吸气4秒，憋气7秒，呼气8秒   D. 吸气8秒，憋气4秒，呼气7秒
22. 你在遇到压力时，会选择向别人倾诉你的烦恼，而且你的倾诉对象具备可选择性，说明你的社会支持利用度（   ）。
   A. 高   B. 低   C. 中等   D. 以上都不是
23. 班组长适当地运用（   ）会让员工产生兴奋感或挑战感。
   A. 适度压力   B. 过度压力   C. 预期压力   D. 以上都不是
24. 工作压力超过了（   ）点，就会破坏了人们平衡的生活和工作方式，员工的工作满意度就会下降，工作效率也随之降低。
   A. 交界   B. 分界   C. 临界   D. 边界

25. 工作压力是一种情绪和心理感受，如果得不到有效（　　），就会引发各种问题。
A. 管理　　　　　　B. 控制　　　　　　C. 领导　　　　　　D. 压制

26. 压力就像（　　），有时能促人奋进，挖掘潜力，有时又会给人们造成困扰。
A. 一根双节棍　　　B. 一把双刃剑　　　C. 一面双面鼓　　　D. 一把双面刀

27. 在调节压力之前，我们需要先识别压力的（　　），评定压力的程度。
A. 好坏　　　　　　B. 程度　　　　　　C. 多少　　　　　　D. 存在

28. 进行有效的压力管理可以从管理层面建立起有利于减压的（　　）支持体系。
A. 社会　　　　　　B. 自然　　　　　　C. 人群　　　　　　D. 家庭

29. 进行有效的压力管理可以从员工个人层面学会处理问题和（　　）调节。
A. 压力　　　　　　B. 身心　　　　　　C. 心理　　　　　　D. 生理

30. 对员工普及心理保健知识有利于员工及时了解与掌握自己的心理状态，以便及早做（　　），树立积极心态。
A. 自我调适　　　　B. 自我宣泄　　　　C. 自我安慰　　　　D. 自我对话

31. 作为班组长还要定期或不定期对员工心理问题与行为障碍，采取有效的措施进行干预与（　　）。
A. 培训　　　　　　B. 领导　　　　　　C. 指导　　　　　　D. 督导

32. 有了压力就不要去逃避，要勇敢面对，寻找问题的根源，具体问题，具体分析，兵来将挡、水来土掩，这属于（　　）。
A. 解决产生压力问题的根源　　　　　B. 学会自我解压
C. 学会适度宣泄　　　　　　　　　　D. 以健康的生活方式减缓压力

33. 有计划、有组织对员工进行技能培训，提高他们的工作技能，使得员工工作起来得心应手，从而就会（　　）员工对完成工作的压力。
A. 抹杀　　　　　　B. 消除　　　　　　C. 消灭　　　　　　D. 减少

34. 班组长要减轻或消除恶劣的工作环境给员工带来的不适，给予班组成员最大的（　　），提高员工的安全感和舒适度，从而缓解工作压力。
A. 人文关怀　　　　B. 生活需要　　　　C. 精神满足　　　　D. 物资需要

35. 体疲劳，肌肉紧张（尤其是头、颈、肩、背等）属于压力过大的（　　）症状。
A. 行为　　　　　　B. 情绪　　　　　　C. 心理　　　　　　D. 生理

36. 精神疲劳，错觉和思维混乱增加，属于压力过大的（　　）症状。
A. 行为　　　　　　B. 情绪　　　　　　C. 心理　　　　　　D. 生理

37. 放纵自己，吸烟、酗酒、过度饮食，甚至纵情声色属于压力过大的（　　）症状。
A. 行为　　　　　　B. 情绪　　　　　　C. 心理　　　　　　D. 生理

38. 消化系统问题，如胃痛、消化不良或溃疡扩散属于压力过大的（　　）症状。
A. 行为　　　　　　B. 情绪　　　　　　C. 心理　　　　　　D. 生理

39. 压力过大的生理症状可能是暂时性的，用不了多久就会消失，但是如果它们持续下去的话，就会给我们的身体带来严重的危害，这表明我们在过长时间内所承受的压力（　　）。
A. 过大　　　　　　B. 过小　　　　　　C. 不变　　　　　　D. 以上都对

40. 一个处于长期压力之下的人就像一辆齿轮转动过快的汽车，引擎会过早报废，我们的身体也同样如此。压力过大的影响会在人的心理、生理、（　　）等方面反映出来。
    A. 脸色　　　　　　B. 手势　　　　　　C. 表情　　　　　　D. 行为

41. 压力的结果既可以是正面的，也可以是负面的，取决于压力的大小和一个人对压力的（　　）程度。
    A. 宣泄　　　　　　B. 忍受　　　　　　C. 承受　　　　　　D. 接纳

42. （　　）的压力还有一种引导作用，可以使人关注细节，把事情做得准确。
    A. 良性　　　　　　B. 过度　　　　　　C. 消极　　　　　　D. 预期

43. 下列选项属于压力过大的心理症状的是（　　）。
    A. 焦虑、紧张、敏感、喜怒无常　　　B. 心率加快、血压升高
    C. 汗流量增加、恶心、胸闷、头痛　　D. 疑病症增加，睡眠不好

44. 一个人平时跳过一条水沟时很吃力，如果遇见一只猛虎在他身后穷追不舍，就会一跃而过！这就充分反映了压力的（　　）影响。
    A. 正面　　　　　　B. 负面　　　　　　C. 双驱　　　　　　D. 双避

45. 当生活成为过山车的时候，人们常常过于劳累，显得紧张、急躁、愤怒和焦虑。这时产生的压力属于（　　）。
    A. 阶段性压力　　　B. 计划性压力　　　C. 急性压力　　　　D. 慢性压力

46. （　　）与变化无关，而是长期持续的身体、情绪和精神的压力，例如，某人常年生活贫苦。
    A. 阶段性压力　　　B. 计划性压力　　　C. 急性压力　　　　D. 慢性压力

47. 每个人都不可避免地感受到（　　），适当的紧张和压力是实现期望、完成任务的动力。
    A. 压力　　　　　　B. 热情　　　　　　C. 动力　　　　　　D. 渴望

48. 人的情绪会扩散传染到周围的社会关系中，一个人的情绪会传染给身边的人，这个现象是（　　）效应。
    A. 平衡　　　　　　B. 踢猫　　　　　　C. 钟摆　　　　　　D. 钉子

49. 想要搭建自己和谐的人际网络，就必须从全局考虑，（　　）好与上级领导的关系、与同事好友的关系和与家人的关系。
    A. 领导　　　　　　B. 把控　　　　　　C. 左右　　　　　　D. 平衡

50. 据研究表明，（　　）的人际关系还能够消除工作中的压力。
    A. 亲密　　　　　　B. 和谐　　　　　　C. 有度　　　　　　D. 安全

51. 学会有效的压力管理是学会身心健康技巧的（　　）。
    A. 旗帜　　　　　　B. 标志　　　　　　C. 榜样　　　　　　D. 参照

52. 人压力过大会导致身心疲惫甚至造成自杀冲动，但完全超脱于压力之外是不可能的，也不利于人的成长。这说明任何事情都强调（　　）。
    A. 适度　　　　　　B. 中庸　　　　　　C. 躺平　　　　　　D. 摆烂

53. 下列选项哪个属于不好的压力表现形式（　　）。
    A. 没有任何借口　　B. 乐观积极　　　　C. 工作效率高　　　D. 不服从管理

54. 下列选项哪个属于好的压力表现形式（　　）。
    A. 疲劳　　　　　　B. 做事有激情　　　C. 不合群　　　　　D. 三高

55. 下列属于外部压力的是（　　）。
    A. 经济　　　　　　B. 养老　　　　　　C. 教育　　　　　　D. 政策
56. 下列属于内部压力的是（　　）。
    A. 天气　　　　　　B. 行业对比　　　　C. 市场　　　　　　D. 教育
57. 下列哪项不是压力管理技巧（　　）。
    A. 明确目标　　　　B. 懂得欣赏别人　　C. 做事专注　　　　D. 空想未来
58. 下列哪项是压力管理技巧（　　）。
    A. 随意安排工作时间　　　　　　　　　B. 活在当下
    C. 工作没有目标　　　　　　　　　　　D. 不明确工作与自身价值关系
59. 下列哪种生活方式是不健康的（　　）。
    A. 合理膳食　　　　B. 戒烟限酒　　　　C. 适量运动　　　　D. 心理失衡
60. 对待负面情绪，下列哪种做法不得当（　　）。
    A. 调理　　　　　　B. 忍受　　　　　　C. 遗忘　　　　　　D. 不制止

二、多项选择题（每题有4个选项，至少有2个是正确的，将正确的选项填入括号内）

1. 积极思维的原则是（　　）。
    A. 停止担心开始思考　　　　　　　　　B. 要有积极思考模式
    C. 管理自己的焦虑和拿得起放得下　　　D. 得过且过
2. 人在压力情况下的表现包括（　　）。
    A. 身体方面　　　　B. 情绪方面　　　　C. 行为方面　　　　D. 以上都不是
3. 压力预警包括（　　）。
    A. 生理信号　　　　B. 行为信号　　　　C. 认知信号　　　　D. 情绪信号
4. 压力管理的策略有（　　）。
    A. 理解压力的应对过程　　　　　　　　B. 面对压力应对方式的选择
    C. 消除对压力的不适应、不健康的反应　D. 正确掌握压力应对方式
5. 哪种方法可以提高员工的适应能力（　　）。
    A. 提供知识和技能　　　　　　　　　　B. 提高整体适应力
    C. 给予管理上的支持　　　　　　　　　D. 以上都不包括
6. 在心理学中，压力源是导致压力的刺激事件或环境，（　　）可能成为压力源。
    A. 外界物质环境　　　　　　　　　　　B. 个体的内部环境
    C. 群体的内部环境　　　　　　　　　　D. 心理社会环境
7. 下列选项中，可能和压力有关的情绪是（　　）。
    A. 焦虑　　　　　　B. 情感的压抑　　　C. 孤独　　　　　　D. 人际的疏离感
8. 下列选项中，属于社会支持的是（　　）。
    A. 信息支持　　　　B. 信任支持　　　　C. 社会成员支持　　D. 工具性支持
9. 心理学中，（　　）可以作为压力的客观指标。
    A. 睡眠　　　　　　B. 消化不良　　　　C. 腰酸背痛　　　　D. 负面情绪
10. 下列生理表现中，可能是压力大的表现的是（　　）。
    A. 入睡迟缓　　　　B. 醒后疲乏无力　　C. 胃口不好　　　　D. 腰酸背疼

11. 下列选项中，能够帮助我们缓解压力的是（　　）。
 A. 喝花茶　　　　　B. 吃甜食　　　　　C. 喝大酒　　　　　D. 精油泡浴
12. 面对压力事件时，我们可以通过改变想法来缓解压力，方法包括（　　）。
 A. 评估这件事与自己是否有关系　　　　B. 思考自己能否应对这件事
 C. 思考这件事会带来什么负面后果　　　D. 思考这件事有什么好的地方
13. 关于男性女性处理压力的方式，下列说法中正确的是（　　）。
 A. 男性倾向于通过独处的时间和空间来缓解压力
 B. 女性倾向于通过独处的时间和空间来缓解压力
 C. 男性倾向于通过倾诉来缓解压力
 D. 女性倾向于通过倾诉来缓解压力
14. 学会爱自己也是缓解压力的一种技巧，做法包括（　　）。
 A. 懂得欣赏别人　　　　　　　　　　　B. 正确对待社会竞争
 C. 活在当下　　　　　　　　　　　　　D. 懂得理解和包容
15. 压力管理技巧包括（　　）。
 A. 增强事业心　　　　　　　　　　　　B. 良好的情绪管理
 C. 健康的生活方式　　　　　　　　　　D. 建立和谐的人际关系
16. 如何做可以增加正面情绪（　　）。
 A. 懂得包容　　　　B. 懂得赞美　　　　C. 懂得感恩　　　　D. 保持快乐
17. 如何驾驭负面情绪（　　）。
 A. 转移　　　　　　B. 忍受　　　　　　C. 调节　　　　　　D. 不制止
18. 健康的生活方式有（　　）。
 A. 合理膳食　　　　B. 休息规律　　　　C. 适量运动　　　　D. 心态平衡
19. 如何高效管理自己的时间（　　）。
 A. 做事不积极主动　　　　　　　　　　B. 做事不拖延
 C. 专注做事　　　　　　　　　　　　　D. 根据工作性质合理安排时间
20. 事业心的加强主要从哪几个方面着手（　　）。
 A. 明确工作目标　　　　　　　　　　　B. 保持在工作中的自信
 C. 明确工作与自身价值关系　　　　　　D. 合理安排工作时间
21. 一个人的内部压力主要来自（　　）。
 A. 家庭　　　　　　B. 工作　　　　　　C. 行业对比　　　　D. 自我需求
22. 一个人的外部压力主要来自（　　）。
 A. 天气　　　　　　B. 行业对比　　　　C. 市场　　　　　　D. 政策
23. 以下选项属于油气田员工的工作环境的是（　　）。
 A. 野外环境　　　　B. 嘈杂环境　　　　C. 污染多发环境　　D. 不同人文环境
24. 以下选项属于油气田员工的工作性质和工作特点的是（　　）。
 A. 生产过程及方式的特殊性　　　　　　B. 产品的危险性
 C. 工作的艰苦性　　　　　　　　　　　D. 生活的幸福性
25. 下列选项属于急性压力的事件有（　　）。
 A. 失去旧友　　　　B. 结交新友　　　　C. 离异　　　　　　D. 升职

26. 油田员工压力过大对工作的影响有（　　）。
    A. 阻碍企业发展　　　B. 影响团队和谐　　　C. 产生安全隐患　　　D. 降低工作效率
27. 要疏解压力就得进行有效的压力管理，压力管理的两个步骤分别为压力（　　）和（　　）。
    A. 诊断　　　　　　　B. 调查　　　　　　　C. 分析　　　　　　　D. 缓解
28. 企业组织层面的压力管理策略有（　　）。
    A. 普及心理保健知识　　　　　　　　　　　B. 优化工作环境
    C. 心态调节　　　　　　　　　　　　　　　D. 完善员工福利制度
29. 员工自我解压的方法包括（　　）。
    A. 音乐调适法　　　B. 表情调适法　　　C. 活动释放法　　　D. 自我压抑
30. 下列选项属于压力过大的行为症状的有（　　）。
    A. 吸烟、酗酒、过度饮食甚至纵情声色　　　B. 没胃口，吃得少，体重迅速下降
    C. 攻击、侵犯他人，破坏公共财产　　　　　D. 自杀或企图自杀
31. 油气田企业员工的压力来源有（　　）。
    A. 薪酬待遇存在差异　　　　　　　　　　　B. 工作地点偏远
    C. 子女教育缺失　　　　　　　　　　　　　D. 安全责任的压力
32. 油气田企业员工的压力来源有（　　）。
    A. 夫妻家庭关系紧张　　　　　　　　　　　B. 安全责任的压力
    C. 考核评价和工作环境的压力　　　　　　　D. 上产工作异常繁重
33. 压力有很多形式，有些明显，有些剧烈，有些是阶段性的，有些则持续不断。常见的压力类型有（　　）。
    A. 阶段性压力　　　B. 计划性压力　　　C. 急性压力　　　D. 慢性压力
34. 下列选项属于压力过大的生理症状的是（　　）。
    A. 焦虑、紧张、敏感、喜怒无常　　　　　　B. 心率加快、血压升高
    C. 汗流量增加，恶心、胸闷，头痛　　　　　D. 疑病症增加，睡眠不好
35. 下列选项属于压力过大的心理症状的是（　　）。
    A. 焦虑、紧张、敏感、喜怒无常
    B. 感情压抑，兴趣和热情减少，厌倦工作
    C. 皮肤干燥、有斑点和刺痛感（皮肤对压力特别敏感）
    D. 消化系统有问题，如胃痛、消化不良或溃疡扩散
36. 有益于良好情绪的方法包括（　　）。
    A. 多睡觉　　　　　B. 多喝水　　　　　C. 多运动　　　　　D. 多喝酒
37. 下列选项属于科学对待情绪的方法的是（　　）。
    A. 倾诉　　　　　　B. 宣泄　　　　　　C. 压抑　　　　　　D. 忽略
38. 在我们日常生活中，哪些行为会增加幸福感（　　）。
    A. 享受过程，淡化结果　　　　　　　　　　B. 有信仰，有追求
    C. 抱团取暖，在群体中获得幸福　　　　　　D. 以上答案都不
39. 以下选项属于宣泄的方式的是（　　）。
    A. 大喊大叫　　　　　　　　　　　　　　　B. 哭泣

C. 找"替代物"发泄　　　　　　　　D. 升华，将压力变为动力

40. 经典减压的方式有（　　）。

A. 太极拳　　　　B. 八段锦　　　　C. 瑜伽　　　　D. 酗酒

三、判断题（对的画√，错的画×）

（　　）1. 只是缺乏对事情的控制感并不会产生压力。

（　　）2. 现实生活中的压力无处不在。

（　　）3. 全是负向思维的人，很难在其职业生涯中快速成长和进步，具体表现在个人认知上的"生不逢时"。

（　　）4. 掌握心理健康知识，更能调动我们的工作潜能和工作激情，并能以更大的精力投入工作和享受生活。

（　　）5. 人面对压力时，只要采取应对措施，就一定会对压力会产生正向效果。

（　　）6. 工作中如果没有压力，对工作的效果不会有影响。

（　　）7. 一个人对压力、挫折的耐受力越高，则他感受到的压力也会更高。

（　　）8. 经常关注压力事件可使人减少压力感。

（　　）9. 心理性压力源是指来自人们头脑中的紧张性信息。

（　　）10. 钱是否会对人产生压力取决于人们对钱的态度。

（　　）11. 没事做、不做事就可以避免压力的产生。

（　　）12. 心理学认为，压力有正面功能，某些情况下，压力可能是好事。

（　　）13. 现代研究发现，个体的认知评价方式能够影响对压力的敏感性。

（　　）14. 通过倾诉的方式能够有效地帮助我们缓解压力，无论倾诉时采用积极的语言还是负面的语言。

（　　）15. 一个人内在的幸福感跟外部环境、金钱没太大关系，是内在自我的幸福感。

（　　）16. 生活中，造成我们压力比较大的原因往往是刺激本身，而不是我们的想法。

（　　）17. 积极的认知可以帮助我们想办法解决问题，而不是被问题所控制。

（　　）18. 在心理学上，情绪是指我们内在需要的满足程度，以及这种程度带来的内心体验和感受。

（　　）19. 情绪可以转移和传递，也可以被伪装和掩饰。

（　　）20. 不正确的呼吸方式可能会引发我们惊恐、焦虑、抑郁。

（　　）21. 喝酒是一种效果不错的减压方式。

（　　）22. 男女两性处理压力的方式是相同的。

（　　）23. 健康既包括身体健康又包括心理健康，两个方面相辅相成，缺一不可。

（　　）24. 好好工作就是一种很好的缓解压力的方式。

（　　）25. 任何一个人所产生的压力并不来自压力本身，而来自他的意识。

（　　）26. 一个人如果能管控好自身的压力，有压力也未必是一件坏事。

（　　）27. 从根本上来说，所有的压力都不来自人类本身，而是来自外界。

（　　）28. 压力是某种情况超出个人能力所能应付的范围而产生的一种心理反应。

（　　）29. 健康不仅仅是没有疾病和虚弱的状态，而是身体上、心理上和社会上的完好状态，完全安宁。

(　　) 30. 人的情绪是有能量的，如果长期积蓄不发泄，就容易引起系统紊乱。

四、简答题

1. 简述油气田企业员工的工作性质与工作特点。
2. 简述油气田企业员工的工作环境。
3. 简述油气田企业员工的压力来源。
4. 简述压力对人的影响。
5. 简述压力对工作的影响。
6. 简述向外发送的三种压力预警信号。
7. 简述企业组织层面的压力管理策略。
8. 简述班组长压力缓释与员工疏导的途径。
9. 简述自我解压的方法。
10. 简述适度宣泄的方法。

第八章 班组生产管理试题

一、单项选择题（每题有4个选项，只有1个是正确的，将正确的选项填入括号内）

1. （　　）就是企业对生产活动的管理。它是指企业按照预定的经营目标和经营计划，充分利用人力、物力和财力等，完成生产任务的整个过程。

    A. 企业管理　　　　B. 生产管理　　　　C. 班组管理　　　　D. 生产活动管理

2. （　　）是指运用有效的管理方法和手段，按照生产客观要求科学优化班组生产管理要素，合理组织班组成员安全、优质、高效、全面地完成生产任务的一系列控制活动。

    A. 生产管理　　　　B. 生产组织　　　　C. 班组生产管理　　　　D. 班组生产活动

3. （　　）是指有计划、组织、指挥、监督和调节的班组生产活动，它是对班组生产系统的设置和运行的各项管理工作的总称。

    A. 班组管理　　　　　　　　　　B. 班组生产运行管理
    C. 生产管理　　　　　　　　　　D. 班组生产管理

4. （　　）就是按矿队制定下发的生产管理规章制度和流程，对班组各岗位活动进行合理有序组织，保证其能够安全平稳顺利进行的过程，从而实现全部生产受控。

    A. 采油生产　　　　　　　　　　B. 采油班组
    C. 采油生产管理　　　　　　　　D. 采油班组生产运行管理

5. 班组长是班组生产的组织者、操作者和监督者，负责执行厂矿有关安全及生产指示的落实，并对班组安全生产工作负有（　　）。

    A. 实践责任　　　　B. 领导责任　　　　C. 执行责任　　　　D. 全面责任

6. 采油班组生产活动主要有六大对象：注水井、配水间、抽油机井、电动螺杆泵井、电动潜油泵井、（　　）。

    A. 增压站　　　　　B. 计量间　　　　　C. 锅炉房　　　　　D. 气液分离器

7. 采油班组生产运行的主要特点是"散、单、全、细、险"，其中"散"指的是（　　）。

    A. 油井是分散的　　　　　　　　B. 班组成员岗位管理对象分散在野外
    C. 工作是零散的　　　　　　　　D. 工序是零散的

8. 采油班组生产运行的主要特点是"散、单、全、细、险"，其中"单"指的是（　　）。

    A. 对单个井场的管理　　　　　　B. 对单个油井的管理
    C. 班组成员通常是各自单兵作战　　D. 流程是单向的

9. 采油班组生产运行的主要特点是"散、单、全、细、险",其中"全"指的是( )。
   A. 全部流程　　　B. 全部工作　　　C. 技能要求全面　　　D. 所有工艺

10. 采油班组生产运行的主要特点是"散、单、全、细、险",其中"细"指的是( )。
    A. 流程要细致　　　B. 工艺要细化　　　C. 工作要细心　　　D. 目标要详细

11. 采油班组生产运行的主要特点是"散、单、全、细、险",其中"险"指的是( )。
    A. 生产危险　　　B. 工艺危险　　　C. 危险源很多　　　D. 操作不当会危险

12. 班组长是班组生产的组织者、( )和监督者,负责执行厂矿有关安全及生产指示的落实,并对班组安全生产工作负有全面责任。
    A. 实践者　　　B. 操作者　　　C. 领导者　　　D. 参与者

13. "四类井"的管理主要是井口现有设备是否可控,是否( )、环境污染隐患,要按时巡检并有记录。
    A. 存在安全隐患　　　B. 存在防爆隐患　　　C. 存在漏电隐患　　　D. 存在防火隐患

14. 采油班组的生产制度管理包括:设备管理、仪器仪表管理、( )、地面设施及井场管理、安全环保管理、巡回检查。
    A. 班组人员管理　　　B. 班组任务管理　　　C. 电气电机管理　　　D. 目标责任管理

15. 油水井因其井身结构异常、地质调控需要等需要较长时期或永久性关井停产,对这样的油水井状况实施的管理称为( )。
    A. 停产管理
    B. 无产量管理
    C. 异常管理
    D. 生产长期性异常管理

16. 采油班组资料管理主要包括三个方面,一是填写油井班报表,二是( ),三是填写油水井班报表需要注意的事项。
    A. 填写处理问题详单
    B. 填写注水井班报表
    C. 填写倒班日志
    D. 填写突发事件处理

17. 油水井正常生产运行时由于临时性或突发的问题使其必须停产处理,这一很短期间的管理称为( )。
    A. 生产异常管理
    B. 生产临时管理
    C. 生产临时性异常管理
    D. 停产临时性管理

18. 采油班组的生产制度管理包括:( )、仪器仪表管理、电气电机管理、地面设施及井场管理、安全环保管理、巡回检查。
    A. 班组人员管理　　　B. 班组任务管理　　　C. 设备管理　　　D. 目标责任管理

19. 生产临时性异常管理一般有两种情况,即( )管理和暂闭生产井管理。
    A. 生产突发性异常　　　B. 突发事件异常　　　C. 设备故障异常　　　D. 电力故障异常

20. 生产突发的一般问题通常是由( )组织相应岗位班组成员自己处置,需要其他班组或外来施工作业的,按矿队生产管理规定积极配合处置。
    A. 当班员工
    B. 上级部门
    C. 班组长
    D. 当班员工所在班组

21. 采油班组常见的生产突发性异常有抽油机井井口泄漏、计量间回油管线泄漏、注水井井口管线泄漏、（   ）。

    A. 电机故障   B. 电动螺杆泵井防反转机构失灵

    C. 平衡块松动   D. 皮带安装不当

22. 生产长期性异常管理主要依据（   ）为原则，如《"四类井"管理规定》就是采油班组这类具体生产管理工作的要求标准。

    A. 上级部门决定   B. 具体情况   C. 生产安全   D. 本油田管理规定

23. "四类井"是指油田企业现有资产核销井、（   ）、未进集油系统不能生产井、长关井（停产半年以上的油水井）的简称。

    A. 报废井   B. 突发异常停产井   C. 低产井   D. 故障井

24. "四类井"的管理主要是（   ），是否存在安全隐患、环境污染隐患，要按时巡检并有记录。

    A. 井口现有设备是否可控   B. 井口现有设备防爆处理

    C. 井口现有设备漏电处理   D. 井口现有设备报废处理

25. 班组生产运行管理主要有五大目标，即高效、低耗、灵活、准时、（   ）。

    A. 保质   B. 保量   C. 按时   D. 完成生产任务

26. 生产长期性异常管理，包括班组建立"四类井"台账、（   ）、"四类井"地面设备、"四类井"问题处置等4个方面。

    A. "四类井"明细   B. "四类井"设备

    C. "四类井"位置   D. "四类井"井口设施

27. "四类井"井口设备一旦发现有泄漏（油、气、水），（   ）应及时采取措施处置，如果确认自己班组不能解决的要及时向矿队汇报。

    A. 班组长   B. 当班员工   C. 班组成员   D. 所有员工

28. 班组设备管理的任务就是要严格贯彻（   ），正确使用和维护机器设备，使设备始终保持良好状态进行运转，将班组的生产活动建立在最佳物质技术基础上，保证生产顺利进行。

    A. 设备维修保养制度   B. 公司规定

    C. 设备使用说明   D. 工作制度

29. 每个设备都有自己的性能和使用要求，设备管理的原则有两个：一是（   ），二是坚决禁止异常操作。

    A. 坚持合理使用设备   B. 坚持专人专用

    C. 坚持填写使用记录   D. 坚持正确使用

30. 班组长在合理使用设备上应做到四点：一是精准掌握设备状况，二是合理配备操作人员，三是创造良好运转环境，四是（   ）。

    A. 定期维护保养   B. 配备设备操作手册

    C. 填写使用记录   D. 严格执行生产制度

31. 基于采油班组六大管理对象，采油班组设备管理内容主要包括三个方面：井口装置维护保养、（   ）、计量间阀组分离器维护保养。

    A. 抽油机维护保养   B. 控制柜维护保养

    C. 电动机维护保养   D. 抽油机设备及电动机维护保养

32. 设备维修保养可以概括为"清洗、紧固、润滑、调整"八个字，其中清洗是指（　　）。
   A. 清洗场地　　　B. 清洗工具　　　C. 清洗设备　　　D. 清洗设备及部件
33. 设备维修保养可以概括为"清洗、紧固、润滑、调整"八个字，其中紧固是指（　　）。
   A. 紧固各部件间的连接螺栓　　　　　B. 紧固设备
   C. 紧固螺栓　　　　　　　　　　　　D. 紧固连接
34. 设备维修保养可以概括为"清洗、紧固、润滑、调整"八个字，其中润滑是指（　　）。
   A. 加润滑油　　　B. 润滑设备　　　C. 润滑部件
   D. 给各加油点（部位）定期添加润滑油脂
35. 设备维修保养可以概括为"清洗、紧固、润滑、调整"八个字，其中调整是指（　　）。
   A. 调整皮带　　　B. 调整冲次　　　C. 调整平衡
   D. 对整机的水平、对中、平衡、控制系统等为主的调整
36. 设备维修保养可以概括为"清洗、紧固、润滑、调整"八个字，在生产运行中又分为（　　）、一级保养和二级保养三个级别。
   A. 零保养　　　　B. 基础保养　　　C. 预备保养　　　D. 例行保养
37. 在设备管理中，（　　）组织班组人员严格贯彻执行设备操作、使用和维护规程，做到"四懂四会"。
   A. 班组长　　　　B. 科室　　　　　C. 上级单位　　　D. 当班员工
38. 关于设备管理的"四懂四会"，其中四懂指的是懂原理、懂结构、（　　）、懂用途。
   A. 懂维护　　　　B. 懂保养　　　　C. 懂使用　　　　D. 懂性能
39. 关于设备管理的"四懂四会"，其中四会指的是会操作、会保养、会检查、（　　）。
   A. 会更换　　　　B. 会维修　　　　C. 会除障　　　　D. 会安装
40. 所谓现场，就是指（　　）为顾客设计、生产、销售产品和服务以及与顾客交流的地方，是企业活动最活跃的地方。
   A. 企业　　　　　B. 班组　　　　　C. 科室　　　　　D. 单位
41. 现场管理是指用（　　）管理生产现场各生产要素，现场管理是生产第一线的综合管理，是生产管理的重要内容，也是生产系统合理布置的补充和深入。
   A. 班组制度　　　B. 科学的标准和方法　C. 科室制度　　　D. 岗位职责
42. 关于设备管理的"四懂四会"，其中四懂指的是懂原理、懂结构、懂性能、（　　）。
   A. 懂维护　　　　B. 懂保养　　　　C. 懂使用　　　　D. 懂用途
43. 关于设备管理的"四懂四会"，其中四会指的是会操作、会保养、（　　）、会除障。
   A. 会更换　　　　B. 会检查　　　　C. 会维修　　　　D. 会安装
44. 现场管理的核心要素包括5个方面，即人员、机器、材料、方法、（　　）。
   A. 制度　　　　　B. 对象　　　　　C. 岗位　　　　　D. 环境

45. 班组现场管理的方法常用的有 5S 管理方法和（　　）。
   A. 岗位责任法　　　B. 责任分区法　　　C. 属地管理法　　　D. 三直三现法
46. 在 5S 现场管理方法中，5S 具体是指整理、整顿、清扫、清洁、（　　）。
   A. 归档　　　　　　B. 存放　　　　　　C. 登记　　　　　　D. 素养
47. 在三直三现现场管理方法中，三直具体指的是直接现场、直接现物、（　　）。
   A. 直接现人　　　　B. 直接事件　　　　C. 直接处理　　　　D. 直接现象
48. 在三直三现现场管理方法中，三现具体指的是马上现场、马上现品、（　　）。
   A. 马上现人　　　　B. 马上处理　　　　C. 马上结果　　　　D. 马上现象
49. 现场管理的三大工具分别是标准化、（　　）、看板管理。
   A. 目视管理　　　　B. 分级管理　　　　C. 分层管理　　　　D. 岗位管理
50. 目视管理是利用形象直观而又色彩适宜的各种（　　）信息来组织现场生产活动，以提高劳动生产率的一种管理手段，也是一种利用视觉来进行管理的科学方法。
   A. 图形　　　　　　B. 图表　　　　　　C. 图片　　　　　　D. 视觉感知
51. （　　）通过各种形式（如标语、现况板、图表、电子屏等）把文件上、脑子里或现场等隐藏的情报揭示出来，以便任何人都可以及时掌握管理现状和必要的情报，从而能够快速制定并实施应对措施。
   A. 图表管理　　　　B. 图形管理　　　　C. 看板管理　　　　D. 图片管理
52. （　　）是利用形象直观而又色彩适宜的各种视觉感知信息来组织现场生产活动，达到提高劳动生产率的一种管理手段，也是一种利用视觉来进行管理的科学方法。
   A. 图表管理　　　　B. 图形管理　　　　C. 目视管理　　　　D. 图片管理
53. PDCA 管理法和（　　）是在中国石油有着深厚基础的质量管理理念和方法。
   A. QC 小组活动法　　B. 奖惩激励法　　　C. 任务分解法　　　D. 属地划分法
54. PDCA 管理法，是美国管理专家戴明首先提出的，也称为戴明循环管理法。PDCA 管理法一般可分为四个阶段和（　　）个步骤的循环系统。
   A. 四　　　　　　　B. 五　　　　　　　C. 八　　　　　　　D. 六
55. PDCA 是 PLAN、DO、CHECK、ACT 四个单词第一个字母的缩写，分别表示计划、执行、检查、（　　）。
   A. 行动　　　　　　B. 执行　　　　　　C. 落实　　　　　　D. 处理
56. 根据工作性质和内容的不同，QC 小组大致可以分为四种类型，即现场型、攻关型、（　　）、服务型。
   A. 管理型　　　　　B. 技术型　　　　　C. 技能型　　　　　D. 操作型
57. （　　）QC 小组，主要以稳定工序，改进产品质量，降低物质消耗，提高服务质量为目的。
   A. 现场型　　　　　B. 攻关型　　　　　C. 管理型　　　　　D. 服务型
58. （　　）QC 小组，一般由干部、工程技术人员和工人三结合组成，以解决有一定难度的质量问题为目的。
   A. 现场型　　　　　B. 攻关型　　　　　C. 管理型　　　　　D. 服务型
59. （　　）QC 小组，以管理人员为主组成，以提高工作质量，改善与解决管理中的问题，提高管理水平为目的。

A. 现场型　　　　B. 攻关型　　　　C. 管理型　　　　D. 服务型

60.（　）QC 小组，由从事服务性工作的职工组成，以提高服务质量，推动服务工作标准化、程序化、科学化，提高经济效益和社会效益为目的。

A. 现场型　　　　B. 攻关型　　　　C. 管理型　　　　D. 服务型

二、多项选择题（每题有 4 个选项，至少有 2 个是正确的，将正确的选项填入括号内）

1. 班组生产运行管理主要有五大目标，即高效、（　）、（　）、准时、完成生产任务。

A. 实用　　　　B. 低耗　　　　C. 灵活　　　　D. 匹配

2. 班组长是班组生产的组织者、操作者和监督者，负责厂矿有关安全及生产指示的（　），并对班组安全生产工作负有（　）。

A. 执行　　　　B. 组织　　　　C. 落实　　　　D. 全面责任

3. 采油班组生产活动主要有六大对象：（　）、抽油机井、电动螺杆泵井、电动潜油泵井、（　）、计量间。

A. 增压站　　　　B. 注水井　　　　C. 联合站　　　　D. 配水间

4. 采油班组的生产制度管理包括设备管理、仪器仪表管理、（　）、地面设施及井场管理、（　）、巡回检查。

A. 班组人员管理　　B. 班组任务管理　　C. 电气电机管理　　D. 安全环保管理

5. 采油班组的生产制度管理包括设备管理、（　）、电气电机管理、地面设施及井场管理、安全环保管理、（　）。

A. 班组人员管理　　B. 仪器仪表管理　　C. 班组任务管理　　D. 巡回检查

6. 采油班组资料管理主要包括三个方面，一是（　），二是（　），三是填写油水井班报表需要注意的事项。

A. 填写油井班报表　B. 填写注水井班报表　C. 填写突发事件处理　D. 填写值班日志

7. 采油班组常见的生产突发性异常有抽油机井井口泄漏、（　）、注水井井口管线泄漏、（　）。

A. 电动机故障　　　　　　　　B. 计量间回油管线泄漏
C. 平衡块松动　　　　　　　　D. 电动螺杆泵井防反转机构失灵

8. 采油班组常见的生产突发性异常有（　）、计量间回油管线泄漏、（　）、电动螺杆泵井防反转机构失灵。

A. 抽油机井井口泄漏　　　　　B. 注水井井口管线泄漏
C. 平衡块松动　　　　　　　　D. 变频器故障

9. 班组长是班组生产的（　）、（　）和（　），负责厂矿有关安全及生产指示的落实，并对班组安全生产工作负有全面责任。

A. 领导者　　　　B. 组织者　　　　C. 操作者　　　　D. 监督者

10. 班组长在合理使用设备上应做到四点：一是（　），二是合理配备操作人员，三是（　），四是严格执行生产制度。

A. 定期维护保养　　　　　　　B. 配备设备操作手册

C. 精准掌握设备状况　　　　　　　　　D. 创造良好运转环境

11. "四类井"是指油田企业现有的资产核销井、（　　）、（　　）、长关井（停产半年以上的油水井）。

　　A. 报废井　　　　　　　　　　　　B. 突发异常停产井
　　C. 低产井　　　　　　　　　　　　D. 未进集油系统不能生产井

12. "四类井"的管理内容主要包括（　　），是否存在安全隐患，（　　），要按时巡检并有记录。

　　A. 井口现有设备是否可控　　　　　B. 井口现有设备防爆处理
　　C. 井口现有设备漏电处理　　　　　D. 是否存在环境污染隐患

13. "四类井"的管理主要是井口现有设备是否可控，是否（　　）、（　　）、要按时巡检并有记录。

　　A. 存在安全隐患　　B. 防爆隐患　　C. 漏电隐患　　D. 环境污染隐患

14. 生产长期性异常管理，包括班组建立"四类井"台账、（　　）、"四类井"地面设备、（　　）4个方面。

　　A. "四类井"井口设施　　　　　　　B. "四类井"设备
　　C. "四类井"明细　　　　　　　　　D. "四类井"问题处置

15. 班组设备管理的任务就是要严格贯彻（　　），正确使用和维护机器设备，使设备始终（　　）运转，将班组的生产活动建立在最佳物质技术基础上，保证生产顺利进行。

　　A. 设备维修保养制度　　　　　　　B. 公司的规章制度
　　C. 保持良好状态　　　　　　　　　D. 保持正常工作状态

16. 每台设备都有其自己的性能和使用要求，设备管理的原则有两个：一是（　　），二是（　　）。

　　A. 坚持合理使用设备　B. 坚持专人专用　C. 坚决禁止异常操作　D. 坚持正确使用

17. 班组长在合理使用设备上应做到四点：一是精准掌握设备状况，二是（　　），三是创造良好运转环境，四是（　　）。

　　A. 定期维护保养　　　　　　　　　B. 配备设备操作手册
　　C. 合理配备操作人员　　　　　　　D. 严格执行生产制度

18. "四类井"是指油田企业现有的（　　）、（　　）、未进集油系统不能生产井、长关井（停产半年以上的油水井）。

　　A. 资产核销井　　　　　　　　　　B. 突发异常停产井
　　C. 低产井　　　　　　　　　　　　D. 报废井

19. QC小组活动法的特点包括（　　）。

　　A. 明显的自主性　　B. 广泛的群众性　C. 高度的民主性　　D. 严密的科学性

20. 基于采油班组六大管理对象，采油班组设备管理内容主要包括三个方面：井口装置维护保养、（　　）、（　　）。

　　A. 抽油机维护保养　　　　　　　　B. 抽油机设备及电动机维护保养
　　C. 电动机维护保养　　　　　　　　D. 计量间阀组分离器维护保养

21. 设备维修保养可以概括为"清洗、紧固、（　　）、（　　）"八个字。

　　A. 检查　　　　　B. 调试　　　　　C. 润滑　　　　　　D. 调整

22. 设备维修保养可以概括为"清洗、（　　）、润滑、调整"八个字，其中清洗是指（　　）。
    A. 紧固　　　　　　B. 安装　　　　　　C. 清洗工具　　　　D. 清洗设备及部件
23. 设备维修保养可以概括为"清洗、紧固、润滑、调整"八个字，在生产运行中又分为（　　）、（　　）和二级保养三个级别。
    A. 零保养　　　　　B. 基础保养　　　　C. 例行保养　　　　D. 一级保养
24. 在设备管理中，班组长组织班组人员严格贯彻执行设备操作、使用和维护规程，做到"四懂四会"，其中四懂指的是懂原理、懂结构、（　　）、（　　）。
    A. 懂维护　　　　　B. 懂性能　　　　　C. 懂使用　　　　　D. 懂用途
25. 在设备管理中，班组长组织班组人员严格贯彻执行设备操作、使用和维护规程，做到"四懂四会"，其中四会指的是会操作、会保养、（　　）、（　　）。
    A. 会使用　　　　　B. 会检查　　　　　C. 会除障　　　　　D. 会安装
26. 现场管理是指用（　　）管理生产现场各生产要素，现场管理是生产第一线的（　　），是生产管理的重要内容，也是生产系统合理布置的补充和深入。
    A. 班组制度　　　　B. 科学的标准和方法　C. 科室制度　　　　D. 综合管理
27. 现场管理的核心要素包括5个方面：人员、机器、（　　）、方法、（　　）。
    A. 制度　　　　　　B. 材料　　　　　　C. 岗位　　　　　　D. 环境
28. 班组现场管理的常用方法有（　　）和（　　）。
    A. 岗位责任法　　　B. 5S管理方法　　　C. 属地管理法　　　D. 三直三现法
29. 在5S现场管理方法中，5S具体指的是整理、（　　）、清扫、清洁、（　　）。
    A. 归档　　　　　　B. 存放　　　　　　C. 整顿　　　　　　D. 素养
30. 在三直三现现场管理方法中，三直具体指的是（　　）、直接现物、（　　）。
    A. 直接现场　　　　B. 直接事件　　　　C. 直接处理　　　　D. 直接现象
31. 在三直三现现场管理方法中，三现具体指的是马上现场、（　　）、（　　）。
    A. 马上现人　　　　B. 马上处理　　　　C. 马上现品　　　　D. 马上现象
32. 现场管理的三大工具分别是标准化、（　　）、（　　）。
    A. 目视管理　　　　B. 分级管理　　　　C. 看板管理　　　　D. 岗位管理
33. 目视管理是利用形象直观而又色彩适宜的各种（　　）信息来组织现场生产活动，实现提高劳动生产率的一种管理手段，也是一种利用（　　）来进行管理的科学方法。
    A. 图表　　　　　　B. 图形　　　　　　C. 视觉感知　　　　D. 视觉
34. （　　）和（　　）是在中国石油有着深厚基础的质量管理理念和方法。
    A. PDCA管理法　　　B. 奖惩激励法　　　C. QC小组活动法　　D. 属地划分法
35. PDCA管理法，是美国管理专家戴明首先提出的，也称为戴明循环管理法。PDCA管理法一般可分为（　　）个阶段和（　　）个步骤的循环系统。
    A. 四　　　　　　　B. 五　　　　　　　C. 八　　　　　　　D. 六
36. PDCA是PLAN、DO、CHECK、ACT四个单词第一个字母的缩写，分别表示计划、（　　）、检查、（　　）。
    A. 行动　　　　　　B. 执行　　　　　　C. 落实　　　　　　D. 处理
37. 根据工作性质和内容的不同，QC小组大致可以分为四种类型，即现场型、（　　）、

（　　）、（　　）。

  A. 攻关型　　　　　B. 技术型　　　　　C. 管理型　　　　　D. 服务型

  38. 现场型 QC 小组，主要以（　　）、（　　）、（　　）为主组成，以稳定工序，改进产品质量，降低物质消耗，提高服务质量为目的。

  A. 班组人员　　　　B. 操作人员　　　　C. 工序人员　　　　D. 服务现场职工

  39. 攻关型 QC 小组，一般由（　　）、（　　）和（　　）三结合组成，以解决有一定难度的质量问题为目的。

  A. 项目负责人　　　B. 干部　　　　　　C. 工程技术人员　　D. 工人

  40. 管理型 QC 小组，以（　　）为主组成，以提高工作质量，改善与解决管理中的问题，（　　）为目的。

  A. 管理人员　　　　B. 班组长　　　　　C. 提高管理水平　　D. 提高工作效率

三、判断题（对的画√，错的画×）

  （　　）1. 所谓班组生产运行管理是指有计划、组织、指挥、监督和调节的班组生产活动，它是对班组生产系统的设置和运行的各项管理工作的总称。

  （　　）2. 班组生产运行管理主要有五大目标，即高效、低耗、灵活、准时、完成生产任务。

  （　　）3. 班组生产运行管理五大目标中，高效指的是按计划开展生产活动，按时高效率完成生产任务。

  （　　）4. 班组生产运行管理五大目标中，灵活指的是随时应对对象的变化，完成生产任务。

  （　　）5. 班组生产运行管理五大目标中，准时指的是在指定的时间，按要求的数量和质量，完成生产任务。

  （　　）6. 班组生产运行管理五大目标中，低耗指的是力争人力、物力、财力消耗最少，实现最低成本。

  （　　）7. 采油班组生产活动主要有六大对象：注水井、配水间、抽油机井、电动螺杆泵井、电动潜油泵井、计量间。

  （　　）8. 采油班组生产运行的主要特点是散、单、能、细、险。

  （　　）9. 班组长是班组生产的领导者，负责厂矿有关安全及生产指示的落实，并对班组安全生产工作负有全面责任。

  （　　）10. 仪器仪表，按正确方法使用并不定期校对，保证录取的数据准确可靠。

  （　　）11. 班组员工随身携带巡回检查所用工具和巡回检查记录本及笔，将巡检情况填入巡回检查记录本，发现问题及时汇报。

  （　　）12. 采油班组资料整理主要有压力、注水量、产液量、电流、温度等，要用规范、准确、简捷的生产信息描述语。

  （　　）13. 填写油井班报表，首先填写表头内容：所属区块、队别、当日日期。

  （　　）14. 生产临时性异常管理一般有两种情况，即事故异常管理和暂闭生产井管理。

  （　　）15. 生产突发的一般问题通常是由班组长组织相应岗位班组成员自己处置，需要其他班组或外来施工作业的，灵活求助配合处置。

（　　）16. 生产长期性异常管理主要依据本油田管理规定。

（　　）17. 生产临时性异常管理主要是以本油田管理规定为指导进行管理。

（　　）18. 采油班组要按厂矿职能部门管理规定要求建立好"四类井"管理台账，把本班组的"四类井"落实到人头，做好"四类井"的巡回检查记录。

（　　）19. 设备维修保养可以概括为"清洗、紧固、维护、安装"八个字。

（　　）20. "四类井"井口设备一旦发现有泄漏（油、气、水），应及时采取措施处置，如果确认班组不能解决的要及时向矿队汇报。

（　　）21. 设备的维修保养在生产运行中又分为基础保养、一级保养和二级保养三个级别。

（　　）22. "四类井"井口设备发现有泄漏，问题处置期间，要按规定在现场适当位置立警示牌、拉警戒线等，问题严重的要设专人看护，避免其他意外事故发生。

（　　）23. 班组设备管理的任务就是要严格贯彻设备维修保养制度，正确使用和维护机器设备，使设备始终保持良好状态运转。

（　　）24. 在设备管理中，班组长组织班组人员严格贯彻执行设备操作、使用和维护规程，做到"四懂四会"。

（　　）25. 在设备管理中，采油班组人员要做到"四懂四会"，其中四懂指的是懂原理、懂结构、懂使用、懂维护。

（　　）26. 在设备管理中，采油班组人员要做到"四懂四会"，其中四会指的是会操作、会保养、会检查、会更换。

（　　）27. 班组现场管理方法常用的有5S管理方法和三直三现法。

（　　）28. 5S现场管理方法中，5S具体指的是整理、整顿、清扫、清洁、素养。

（　　）29. 在三直三现现场管理方法中，三直具体指的是直接现场、直接现物、直接后果。

（　　）30. 现场管理的三大工具分别是标准化、目视管理、看板管理。

四、简答题

1. 简述采油班组长怎样才能做好生产运行管理工作。
2. 简述班组长在生产运行管理中应具备哪些基本能力。
3. 简述采油班组生产制度管理具体包括哪些内容。
4. 简述什么是班组生产运行异常管理。
5. 采油生产突发性异常常见案例有哪些？
6. 简述班组设备管理的原则与内容。
7. 简述5S管理方法中的5S具体指的是什么。
8. 简述现场标准化管理流程。
9. 简述PDCA管理法包括哪四个阶段的工作循环。
10. 简述QC小组活动法的特点。

第九章

HSE管理试题

一、单项选择题（每题有4个选项，只有1个是正确的，将正确的选项填入括号内）

1. HSE管理是以"（　　）"为理念的企业管理的体系。
   A. 预防为主、全员参与、持续改进　　　B. PDCA循环
   C. 以人为本、关爱生命、保护健康　　　D. 以人为本

2. 企业对社会的承诺、对员工的承诺，领导对资源保证和法律责任的承诺，是HSE管理体系顺利实施的（　　）。
   A. 保障　　　B. 基础　　　C. 前提　　　D. 根本

3. 安全工作是（　　）的工作，是全社会的工作。
   A. 全员　　　B. 领导　　　C. 安全管理员　　　D. 安全管理机构

4. 我国石油工业在制度建设的推动下，形成了以制度约束为主要特点的安全管理体系，其中不属于"三标"管理制度的是（　　）。
   A. 标准化现场　　　B. 标准化作业　　　C. 标准化班组　　　D. 标准化岗位

5. 中国石油 Q/SY 1002.1—2013 标准中的一级要素（　　）是建立和实施HSE管理体系的核心。
   A. 健康、安全与环境方针　　　B. 领导与承诺
   C. 实施和运行　　　D. 管理评审

6. 下面是班组长个人安全行动计划表，其中第1项、第3项的次数分别是（　　）。

序号	行动内容	目的	次数
1	对班组属地进行安全观察与沟通	通过发现现场不安全行为以及与员工的沟通，达到提升员工安全意识的目的	（　　）次/月
2	利用各种场合在班组内进行安全经验分享	将自身或他人的安全经历和经验与员工进行分享，共同提高	不定期
3	定期组织解决班组内存在的安全问题	对班组存在的安全问题进行汇总、解决，及时消除安全隐患，提高安全管理水平	（　　）
4	按时参加安全团队活动	掌握安全技能、交流安全经验	1次/月

   A. 1、1次/月　　　B. 2、2次/月　　　C. 3、不定期　　　D. 4、不定期

7. 班组长应结合属地的风险与风险控制特征，围绕上级承诺主线，针对个人（　　）。
   A. 展示有感领导　　　B. 履行安全职责
   C. 做出安全承诺　　　D. 制订安全行动计划

8. 安全标准的梳理工作围绕着下列哪些问题展开（　　）。
①是否覆盖了属地内生产经营活动的某一过程？②是否具有指导性和可操作性？③是否明确了各层面的职责？④是否有动态维护？⑤是否具有前瞻性？

A. ①②④　　　　B. ①③⑤　　　　C. ②③⑤　　　　D. ②④⑤

9. 小张班长为了提升巡检质量，制定了一个巡检制度：每两小时需要对属地内各个巡检点巡检一次。实施后发现员工对巡检频次存在非常大的意见，因为认真巡检一次需要的时间往往超过两小时，如果按制度执行那么员工所有上班时间均在巡检，导致员工非常疲惫。对此，下列说法不正确的是（　　）。

A. 安全规章制度及安全标准的编写要避免"闭门造车"

B. 安全规章制度及安全标准的编写要充分发挥、挖掘各岗位员工的操作与维修经验，使其具有针对性与实用性

C. 修订的安全规章制度及安全标准要符合现场实际，使其具有可操作性

D. 安全规章制度及安全标准的编写只需更多吸纳工程师的参与即可

10. 推进班组属地管理需要按照（　　）的原则进行基层班组属地划分。

A. 合理、诚信、均衡　　　　B. 公平、公正、均衡

C. 合理、公正、均衡　　　　D. 合理、平等、均衡

11. 下列基层班组开展属地管理的具体做法正确的是（　　）。

A. 划分属地、确定人员、制定工作标准、能岗匹配工作开展、员工激励考核

B. 划分属地、明确工作职责、制定工作标准、能岗匹配工作开展、员工激励考核

C. 划分属地、明确工作职责、制定安全标准、能岗匹配工作开展、员工激励考核

D. 划分属地、明确工作职责、制定工作标准、职能匹配、员工考核

12. 安全文化建设就是要实现每个员工从"要我安全"向"我要安全"，乃至（　　）的转变，养成良好的安全习惯。

A. "你会安全""你们安全"　　　　B. "我会安全""我们安全"

C. "你会安全""我们安全"　　　　D. "我会安全""你们安全"

13. 全员参与既指全体员工参与安全文化建设的（　　），也指其融合于安全文化所有要素推进的（　　）。

A. 全过程，部分过程　　　　B. 部分过程，全过程

C. 部分过程，部分过程　　　　D. 全过程，全过程

14. 基层班组对（　　），且在工艺装置中作用相对较弱的设备建立预防性维修计划并定期维修。

A. 风险相对较小、成本较小、维修时间较短

B. 风险相对较小、成本较大、维修时间较短

C. 风险相对较大、成本较小、维修时间较长

D. 风险相对较大、成本较大、维修时间较长

15. 基层班组对（　　）的关键设备开展预测维修探索。

A. 风险大、影响小且在工艺装置中处于不重要地位

B. 风险大、影响大且在工艺装置中处于非常重要地位

C. 风险小、影响大且在工艺装置中处于非常重要地位

D. 风险小、影响小且在工艺装置中处于不重要地位

16. 基层班组对承包商有针对性地进行"培养"，具体工作中实施（　　）的建设思路。

　　A. "一个一样""一个一致"　　　　B. "两个一样""两个一致"
　　C. "三个一样""三个一致"　　　　D. "四个一样""四个一致"

17. 以下不属于高危作业的是（　　）。

　　A. 动火作业　　　　　　　　　　B. 浅基坑开挖作业
　　C. 受限空间内作业　　　　　　　D. 临时用电作业

18. 基层班组对高危作业许可证的批准可按照（　　）的原则确定批准权限，建立批准权限的资质认定制度。

　　A. 直线管理　　B. 有感领导　　C. 非常规作业管理　　D. 属地管理

19. 基层班组在作业前必须识别出作业对（　　）的影响，并进行有效沟通，经相关方签字确认后方可作业。

　　A. 相关方　　B. 承包商　　C. 相关社区　　D. 相关政府部门

20. 基层班组可以（　　）为主线编制高危作业培训课件。

　　A. 安全操作规程　　B. 安全法律法规　　C. 安全事故案例　　D. 安全技术要求

21. 当工艺、设备发生任何改变时，下列不属于基层班组工艺变更管理小组成员的是（　　）。

　　A. 班组长、技术人员　　　　　　B. 安全管理人员
　　C. 工程技术人员　　　　　　　　D. 有一定操作经验和维修经验的一线员工

22. 危害识别与隐患治理是石油企业 HSE 管理的核心，是通过广泛开展危害识别与隐患治理，从而确保及时（　　）各种危害，预防事故发生。

　　A. 发现和消除　　　　　　　　　B. 发现、消除和削减
　　C. 发现、削减和控制　　　　　　D. 发现、消除、削减和控制

23. 危害是指可能导致人身伤害、财产损失、环境污染的（　　）。

　　A. 根源　　B. 状态　　C. 根源和状态　　D. 意外事件

24. 下列选项对危害识别的"五全"工作法描述正确的是（　　）。

　　A. 全员：就是指一线员工和基地员工共同参与
　　B. 全领域：要求对生产和生活的所有领域、所有环节进行危害识别，不留死角
　　C. 全天候：要求广大员工适时、时刻进行危害识别
　　D. 全过程：要求对项目建设立项、设计、施工、验收、投产运行的全过程进行危害识别

25. 下列选项对工作安全分析描述不正确的是（　　）。

　　A. 针对某项作业活动的各个步骤，识别出可能产生的危害
　　B. 针对所有作业活动的各个步骤，识别出可能产生的危害
　　C. 根据识别出的危害制定相应的风险消除、削减和控制措施
　　D. 把制定出的措施告知所有参与作业人员

26. 工作安全分析简称 JSA，可分为书面和口头两类，其中需做书面工作安全分析的作业活动通常是（　　）的工作。

　　A. 风险不大、作业内容简单、人员配合不多

B. 风险较大、作业内容复杂、人员配合不多

C. 风险不大、作业内容复杂、人员配合较多

D. 风险较大、作业内容复杂、人员配合较多

27. 书面的工作安全分析应详细记录分析过程，填写工作安全分析表，并由（　　）签字确认。

A. 所有作业人员　　B. 部分作业人员　　C. 现场作业负责人　　D. 主管领导

28. 工作安全分析通常由（　　）或在其指导下由员工组织进行，（　　）随机参与、指导和检查活动开展情况，应确保工作安全分析质量。

A. 现场作业负责人和直线领导，安全人员

B. 现场作业负责人，直线领导和安全人员

C. 直线领导，现场作业负责人和安全人员

D. 安全人员，直线领导和现场作业负责人

29. 在进行事故/事件调查时，要积极吸纳（　　）参与调查分析活动，彻底扭转以往事故/事件调查过程中员工总是"被调查者"的局面。

A. 班组员工全程　　　　　　B. 一线骨干员工全程

C. 技术骨干员工全程　　　　D. 现场作业负责人全程

30. 工作安全分析的结果可通过（　　）等形式，告知参与作业的人员与相关方，以使各方事前知道相应的风险及控制措施，从而保证作业的安全。

A. 班前会　　　　　　　　　B. 班前会、安全交底会

C. 班前会、信息公告栏　　　D. 安全交底会

31. 危害识别时应充分考虑（　　）方面以及（　　）种状态。

A. 2，1　　　B. 3，2　　　C. 4，3　　　D. 5，2

32. （　　）中国石油下发了《生产作业现场应急物资配备选用指南》。

A. 2011年　　B. 2012年　　C. 2013年　　D. 2014年

33. 作业任务完成后，作业人员应总结经验，根据作业过程中发生的各种情况，（　　）作业程序或方案。

A. 变更、完善　　B. 更新、完善　　C. 更新、改进　　D. 变更、修订

34. 作业过程中（　　），必须停止工作或启动应急预案。

A. 作业条件发生变化　　　　B. 作业人员等发生变化

C. 发生事件/事故（包括未遂事件/事故）

D. 以上三项发生后，既定的风险消除、削减和控制措施无法保障安全作业时

35. （　　）是转变安全观念、提升安全能力、养成安全习惯，实现过程管理和前瞻式预防管理的最有效的工具和方法。

A. JSA法　　B. 安全观察与沟通　　C. 工作安全分析　　D. 事件树分析

36. 制定安全观察与沟通卡包括的内容有（　　）。

A. 人员的反应、工具设备、工作环境等三个方面

B. 人员的反应、个人防护、人的位置、工作环境等四个方面

C. 人员的反应、个人防护、人的位置、工具设备、工作环境等五个方面

D. 人员的反应、个人防护、人的位置、工具设备、程序制度、工作环境等六个方面

37. 下列选项对安全观察与沟通"六步法"描述不正确的是（　　）。

A. 观察，即观察员工行为，决定如何接近员工，并及时阻止不安全行为

B. 表扬，即对员工的安全行为进行表扬

C. 讨论，即与员工讨论观察到的不安全行为及可能的后果，鼓励员工讨论更安全的工作方式

D. 沟通，即就如何安全工作与员工取得一致意见，并取得员工的承诺

38. 基层班组可以通过安全观察与沟通发现的问题的数量和优缺点等数据进行统计和趋势分析，及时（　　），采取针对性的改进措施，进而实现前瞻式的安全管理。

A. 发现工作现场中的不安全状态　　　　B. 发现管理上的薄弱环节

C. 掌握人的不安全行为　　　　　　　　D. 了解生产安全动态

39. 基层班组的日常检查不包括（　　）。

A. 日常巡检　　　B. 周检　　　C. 月检　　　D. 季检

40. 基层班组对日常危害识别和隐患排查出来的问题要（　　），找出根本原因并制定解决办法，形成隐患问题的闭环管理，才能保证属地的安全运行。

A. 查找原因　　　　　　　　　　　　　B. 及时纠正

C. 追根溯源，举一反三　　　　　　　　D. 及时整改

41. （　　）是指对隐患开展的一系列有计划、有组织的风险评价，包括安全监控在内的整改措施的制定、落实、有效性验证、评估的闭环管理过程。

A. 隐患治理　　　B. 风险识别　　　C. 风险评估　　　D. 风险控制

42. 小张在巡检时发现站内配电箱的门有松动现象，他应该（　　）。

A. 第一时间查找松动点，并进行修护　　B. 立即报告给班长

C. 立即报告给班长，并拉起警戒线　　　D. 一走了之

43. 按照整改难易程度将安全环保隐患分为四级，下列选项连线正确的是（　　）。

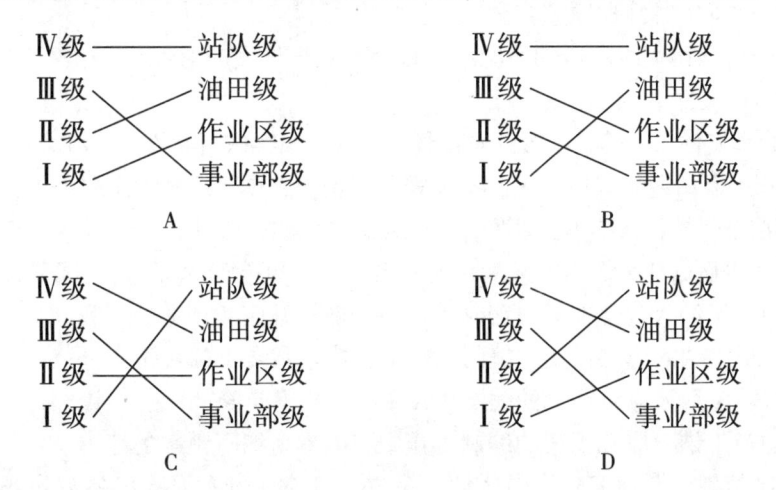

44. 按照整改难易程度将安全环保隐患分为四级，其中Ⅰ级为（　　）。

A. 站队级（车间），指站队能组织整改的隐患

B. 作业区级（厂），指作业区能组织整改的隐患

C. 油田级，指需要油田与作业区协调组织多部门共同决策方能整改的重大安全环保隐患

D. 油田级，指需要油田协调组织多部门共同决策方能整改的重大安全环保隐患

45. 基层班组隐患治理整改措施的制定，应优先考虑（　　），实现本质安全，并将风险降低到可接受的程度。
   A. 提升员工的安全意识　　　　　　B. 采取工程技术措施
   C. 安全管理措施　　　　　　　　　D. 强化员工安全培训

46. 通过工程技术措施可以控制隐患产生的风险，下列不属于工程技术措施是（　　）。
   A. 消除　　　　B. 降低　　　　C. 防护　　　　D. 替代

47. 对于不能立即整改的隐患，基层班组必须根据隐患风险（　　）。
   A. 制定风险管控措施　　　　　　　B. 制定安全管理措施
   C. 加强工程技术措施　　　　　　　D. 提高员工安全技术能力

48. （　　），国务院国有资产监督管理委员会第128次主任办公会议审议通过了《中央企业应急管理暂行办法》。
   A. 2013年2月28日　　　　　　　　B. 2013年3月28日
   C. 2013年4月28日　　　　　　　　D. 2013年5月28日

49. 不属于中国石油应急管理的核心的是（　　）。
   A. 提高企业防范和处置各类突发事件的能力
   B. 最大限度地预防和减少突发事件及其造成的损害和影响
   C. 保障人民群众生命安全
   D. 维护国家安全和社会稳定

50. 制定应急预案有利于（　　），降低事故后果。
   A. 突发事件发生时提高处置突发事件的能力
   B. 预防突发事件的发生
   C. 突发事件发生时做出及时的应急响应
   D. 突发事件发生时维护国家安全和社会稳定

51. 班组长可以在上级许可的情况下，带动班组全员发起对原应急预案进行全面复核梳理，多问几个为什么，从而确保（　　）。
   A. 预案的真实性　　B. 预案的全面性　　C. 预案的科学性　　D. 预案的操作性

52. 某油田一泵站测试岗位员工，参加完危害辨识和预案编制后感慨地说："以前总以为既有接地又有漏电保护，根本不会发生什么意外触电事故，通过这次全面参与应急预案编制梳理，我认识到了以后做什么都不能武断认为不会有任何风险产生。"这一案例说明（　　）。
   A. 把岗位员工纳入应急预案的编制工作中，能提升应急预案的有效性
   B. 把岗位员工纳入应急预案的编制工作中，能丰富员工的视野
   C. 把岗位员工纳入应急预案的编制工作中，能提升自身的风险意识
   D. 把岗位员工纳入应急预案的编制工作中，能提高编写预案的能力

53. 在编制梳理应急预案时将岗位危害辨识、风险评价和风险控制有机地整合在一起，从而保障了应急预案的（　　）。
   A. 完善性　　　　　　　　　　　　B. 完善性和可操作性
   C. 完善性和针对性　　　　　　　　D. 完善性、针对性和可操作性

54. 员工除了参与单项的岗位应急处置演练外，班组长还应组织员工定期参加（　　）

的联合实战演练,从而使员工的快速反应能力、应急处置能力持续增强。

  A. 跨部门　　　　B. 跨单位　　　　C. 跨部门、跨单位　　D. 以上都不对

55. 应急演练的评估方法主要有(　　)的评价方式,体现了多角度、多层次的过程评估。

  A. 评估人员现场专业点评　　　　B. 演练参加者现场自评互评

  C. 系统总结评估　　　　D. 以上都对

56. 系统总结评估通常在(　　)进行,一方面给评估人员提供了充足的时间准备汇报材料,另一方面也有时间让所有参演人员稳定情绪、冷静思考演练过程中存在的问题和值得总结的地方。

  A. 演练结束前　　B. 演练开始前　　C. 演练结束后　　D. 演练整个过程

57. 下列选项对系统总结评估描述正确的是(　　)。

  A. 系统总结评估通常在演练结束前进行

  B. 系统总结评估时一般吸纳部分参演人员参与

  C. 在评估人员发言中,其他与会人员做自我汇报

  D. 其他与会人员重点围绕评估人员提出的问题展开讨论,探讨问题的成因和解决方法,并明确具体的整改期限

58. 凡是在(　　)应对的过程中所用的物资都可以称为应急物资。

  A. 突发公共事件　　B. 抢险救灾事件　　C. 公共卫生事件　　D. 自然灾害事件

59. 具有使用期限的应急物资,应该在到期前(　　),申请调剂使用和补充。

  A. 1个月或者4个月　　　　B. 2个月或者5个月

  C. 3个月或者6个月　　　　D. 4个月或者7个月

60. 对于一些较少用到的应急物资,或者只有在极端情况下才可能使用的应急物资,班组经过充分评估后可以(　　)。

  A. 以实物的形式在现场配备　　　　B. 与拥有该应急物资的单位形成协同机制

  C. 不用现场配备　　　　D. 以上都不对

二、多项选择题(每题有4个选项,至少有2个是正确的,将正确的选项填入括号内)

1. HSE管理是一套以(　　)为核心,以(　　)为重点,逐级落实安全环保责任为工作主线的(　　)、持续发展的PDCA管理。

  A. 风险管理　　B. 强化基层　　C. 以人为本　　D. 持续改进

2. HSE管理突出了领导承诺、(　　)的科学管理思想,是石油天然气工业实现现代管理,走向国际大市场的准行证。

  A. 预防为主　　B. 风险管理　　C. 全员参与　　D. 持续改进

3. 承诺要传递到企业(　　)和(　　)相关各方,并逐渐形成一种自主承诺、改善条件、提高管理水平的企业思维方式和文化。

  A. 领导　　　　B. 内部　　　　C. 员工　　　　D. 外部

4. 事故的发生往往由机械设备的不良状态、(　　)等引起。

  A. 法律不健全　　B. 人的不安全行为　　C. 环境因素　　D. 管理上的缺陷

5. HSE管理体系充分体现了全员参与的理念,即(　　)。

  A. 在确定各岗位的职责时要求全员参与　　B. 在进行危害辨识时要求全员参与

C. 在进行人员培训时要求全员参与　　　　D. 在进行审核时要求全员参与

6. 2013 年 7 月 23 日，中国石油发布了 Q/SY1002.1—2013，同年 10 月 1 日实施。新标准有（　　）个一级要素、（　　）个二级要素。
   A. 7　　　　　B. 7　　　　　C. 28　　　　　D. 29

7. 为了强化个人安全计划的落实，班组长可通过（　　）等形式公开个人安全行动计划的落实情况，接受员工的监督，有效提升班组长主动性和积极性。
   A. 公示栏张贴　　B. 职工大会　　C. 厂务公开　　D. 看板

8. 班组长的有感领导具体行动包括带头遵守安全标准制度，不因事小而不为，注重安全习惯的养成，如（　　）。
   A. 上下楼梯扶扶手　　　　　　B. 记录员工的不安全行为
   C. 乘车系安全带　　　　　　　D. 正确穿戴劳保用品

9. 属地管理就是对属地内直面风险员工的（　　）等重要事项进行规划和管理。
   A. 理念、风险与责任意识　　　B. 执行力
   C. 履职能力　　　　　　　　　D. 风险控制能力

10. 下列选项对基层班组划分属地说法正确的是（　　）。
    A. 基层班组属地划分时，按照合理、公正、均衡的原则
    B. 基层班组属地划分时，充分考虑员工专业特长、能力差异
    C. 基层班组属地划分时，由属地内所有员工讨论、协商决定属地范围
    D. 基层班组属地划分时，由属地内相关员工讨论、协商决定属地范围

11. 在属地管理中班组长可根据属地管理情况，将（　　）等汇编成"属地管理手册"。
    A. 属地划分、职责描述　　　　B. 专业特长、能力差异
    C. 工作标准、风险清单　　　　D. 评估培训、激励考核

12. 基层班组全员参与的具体做法包括（　　）。
    A. 发挥有感领导效用　　　　　B. 搭建全员参与的平台
    C. 推行安全里程碑　　　　　　D. 丰富激励方式

13. 基层班组可结合历次产能建设经验，编制投运前安全审查清单，从内容上提升危害辨识的（　　）。
    A. 全面性　　　B. 准确性　　　C. 系统性　　　D. 完整性

14. 班组对员工进行操作规程培训活动的内容有（　　）。
    A. 操作规程内容的理解　　　　B. 培养操作人员的安全执行意识
    C. 培养员工对设备严格的操作意识　　D. 培养员工安全持续改进的意识

15. 基层班组加强承包商的安全管理，具体工作中实施"三个一样"，即（　　）。
    A. 上级下级一样　　B. 前线后线一样　　C. 甲方乙方一样　　D. 工作内外一样

16. 高危作业必须申请（　　）和相对应的（　　），经过批准后方可作业，并在现场确认各类风险受控。
    A. 安全工作许可证　　B. 专项许可证　　C. 授权许可证　　D. 安全许可证

17. 一些（　　）非常规作业同样也作为"高危"作业实施管理。
    A. 没有操作规程的　　　　　　B. 没有作业程序的
    C. 偏离安全标准、规则、程序要求所实施的　　D. 办理作业票的

18. 工艺技术变更是指在工艺（如工艺流程、参数、物料、设备等）发生改变时，对变更本身的风险或引入风险的（　　）的管理过程。
   A. 识别　　　　　　B. 评价　　　　　　C. 消除　　　　　　D. 控制
19. 危害识别的主要内容包括（　　）等。
   A. 人的不安全行为　B. 物的不安全状态　C. 管理缺位　　　　D. 空间环境不良
20. 需做口头工作安全分析的作业活动包括（　　）。
   A. 班前会或交接班会议上对当日或当班要进行的作业进行口头工作安全分析
   B. 曾经发生过事故的工作
   C. 曾经发生过事件的工作
   D. 临时性的简单作业
21. 工作安全分析的结果可通过班前会、安全交底会等形式，告知（　　），以使各方事前知道相应的风险及控制措施，从而保证作业的安全。
   A. 参与作业的人员　　　　　　　　　B. 一线骨干员工
   C. 现场作业负责人　　　　　　　　　D. 相关方
22. 书面的工作安全分析表应存档，以便为进行（　　）时提供参考和借鉴。
   A. 相同作业　　　　B. 同类作业　　　　C. 编制相应作业程序　D. 编制作业程序
23. 行为安全观察与沟通是（　　），也是安全文化推进的重要手段。
   A. 只观察不安全行为和不安全状态的现象　　B. 培养员工安全习惯
   C. 展现有感领导的有效管理工具　　　　　　D. 关爱员工、以人为本的安全理念的展示
24. 安全观察与沟通卡中除包含的内容外，还需要将（　　）等要点加入并固化到其中，这就形成开展安全观察与沟通的指南。
   A. 属地责任　　　　B. 员工安全习惯　　C. 安全管理工具　　D. 安全意识
25. 基层班组要定期对装置开展专项隐患排查活动，集中班组各专业人员（　　）。
   A. 对装置进行专项隐患排查　　　　　B. 查找安全薄弱环节
   C. 制定整改措施　　　　　　　　　　D. 对隐患进行系统解决
26. 按照属地管理、行业管理原则，下列对不同级别的安全环保隐患的整改描述正确的是（　　）。
   A. Ⅱ、Ⅲ、Ⅳ级隐患的整改责任人为属地负责人
   B. Ⅳ级隐患的治理责任主体是基层班组
   C. Ⅲ级隐患的整改过程由油田行业管理部门负责人协调督办
   D. Ⅰ级隐患的整改责任人为油田公司分管领导
27. 对于不能立即整改的隐患，基层班组必须（　　）等，目的是最大限度减少风险，确保装置安全平稳运行。
   A. 减少员工接触时间　B. 调整装置运行　　C. 加密巡检　　　　D. 加强个体防护
28. 隐患关闭需要形成一个书面的隐患治理评估报告，评估报告包括（　　）、存在问题及建议、结论等几个方面。
   A. 隐患背景　　　　B. 隐患产生原因　　C. 实施概况　　　　D. 效果评价
29. 应急管理是指政府及其他公共机构在突发事件的（　　）过程中，通过建立必要的应对机制，采取一系列必要措施，保障公众生命、健康和财产安全。
   A. 事前预防　　　　B. 事发应对　　　　C. 事中处置　　　　D. 善后恢复

30. 突发事件是指突然发生，造成或者可能造成严重社会危害，需要采取应急处置措施予以应对的（　　）。

　　A. 自然灾害　　　　　B. 事故灾难　　　　C. 卫生事件　　　　D. 社会安全事件

31. 应急管理在基层的实践主要表现在（　　）。

　　A. 应急预案的编制　　　　　　　　　B. 应急预案的演练

　　C. 应急演练的评估　　　　　　　　　D. 应急预案的修订

32. 基层班组应组织全体人员根据（　　）确定演练频次，通过不同风险不同频次的演练可以对应增强员工的应急意识和应急能力。

　　A. 事故发生概率等级　　　　　　　　B. 事故后果严重程度等级

　　C. 事故隐患严重程度等级　　　　　　D. 事故风险高低等级

33. 无论哪种应急评估方式，都必须总结分析演练中暴露的问题，（　　），员工对应急预案及应具备的应急能力的熟练程度等。

　　A. 评估演练是否达到了预定目标　　　B. 评价应急预案的有效性和针对性

　　C. 演练人员是否按照应急职责规定进行分工协作

　　D. 应急物资的储备数量及完好情况

34. 演练参加者现场自评互评是应急评估方式之一，演练参加者主要是指参加演练的（　　）。

　　A. 实施人员　　　B. 角色扮演人员　　C. 观摩学习人员　　D. 评估人员

35. 应急物资是指为应对（　　）突发公共事件应急处置过程中所必需的保障性物质。

　　A. 严重自然灾害　　　　　　　　　　B. 突发性公共卫生事件

　　C. 公共卫生事件　　　　　　　　　　D. 军事冲突等

36. 下列对应急物资储备和管理描述不正确的是（　　）。

　　A. 应急物资库房应避光、通风良好，应有防火、防盗、防潮、防鼠、防污染等措施

　　B. 具有使用期限的应急物资，应该在到期前 2 个月或者 6 个月，申请调剂使用和补充

　　C. 一般情况下应急物资每半年补充更新一次，过期、消耗、失效等情况临时报批

　　D. 储备物资应有标签，标明品名、规格、产地、编号、数量、质量、生产日期、入库日期等

37. 应急物资应定期检查，检查的频次根据应急物资的实际情况来确定，例如（　　）。

　　A. 气体泄漏检测仪的检查周期可以每月或每两个月一次，检查时要确认检测仪的功能是否正常

　　B. 气体泄漏检测仪的检查周期可以每半个月或每月一次，检查时要确认检测仪的功能是否正常

　　C. 石油石化行业使用的便携式可燃气体检测仪，必须每半年进行一次校验

　　D. 石油石化行业使用的便携式可燃气体检测仪，必须每年进行一次校验

38. 班组在进行应急演练的过程中要详细记录演练过程，对演练过程中应急物资的状况进行关注，发现应急物资破损、不足或缺失应（　　）。

　　A. 在应急演练评价总结中记录　　　　B. 安排专人跟踪

　　C. 向有关部门提出申报　　　　　　　D. 及时进行补充

39. 应急物资只能在（　　）的情况下使用。

　　A. 发生突发事件　　B. 举行应急演练　　C. 危险场所作业　　D. 抢险场所作业

40. 下列对应急物资的使用描述正确的是（　　　）。
A. 消耗性应急物资调用后，班组应按照使用的数量，及时补充应急物资库存
B. 可回收重复使用的应急物资调用后，事发企业应进行清理和整理，由责任部门组织检验后回收
C. 任何单位和个人不得以任何理由私自挪用、占用应急物资
D. 突发事件发生后，事发企业应先动用本单位应急物资储备

三、判断题（对的画√，错的画×）

（　　　）1. 1985 年，美孚石油公司首次在石油勘探开发领域提出了强化安全管理（Enhance Safety Management）的构想和方法。

（　　　）2. HSE 管理体系认为人的生命和健康是无价的，工业生产过程中不能以牺牲人的生命和健康为代价来换取产品。

（　　　）3. 1996 年，中国石油天然气总公司以 ISO/CD 14690—1996 草案标准等同转化，制订了行业标准《石油天然气行业健康、安全与环境管理体系》（SY/T 6276—1997），开始逐步推行 HSE 管理。

（　　　）4. 有感领导是指组织的各级领导通过规范员工的个人安全行为，使员工真正感知到安全的重要性，感受到领导做好安全的示范性，感悟到自身做好安全的必要性。

（　　　）5. 班组长的每一个决定、每一个行为、每一句言语都应优先考虑到安全，时时处处体现对安全的重视态度，经过长期坚持和努力，就会逐步把安全变成习惯，有感领导也就自然而成。

（　　　）6. 在日常的生产运行中，班组长要对属地内员工的好想法、好做法进行鼓励并采取资源落实，及时总结和提炼为班组的操作规范、制度标准。

（　　　）7. 属地主管对属地范围内的人、事、物负全部责任，即班组长对班组工作区域内的人、事、物负全部责任。

（　　　）8. 制定工作标准是岗位职责落实效果的检验尺度，体现的是"只有自选动作、没有规定动作"。

（　　　）9. 班组"属地管理手册"是以图文并茂的内容、通俗易懂的语言，告诉班组员工"干什么、怎么干、干成什么样"。

（　　　）10. 机械完整性是指工艺设备投用后，在使用、维护、修理、检测环节中始终保持符合设计要求，功能完好，正常运行，发挥资产最大效用的管理过程。

（　　　）11. 机械完整性是保证工艺装置和设备本质安全，无缺陷投入服役的关键风险控制环节。

（　　　）12. 班组长对各类操作规程应带头开展每半年一次的定期复核，实现操作规程的动态维护。

（　　　）13. 高危作业管理就是通常所指的特种作业管理。

（　　　）14. 基层班组可以采用图文并茂的表达方式，通过将与高危作业有关的各类事故分析给员工，加深员工对高危作业标准的理解，从而在"应会"的基础上，强调"应知"。

（　　　）15. 工作安全分析简称 JSA，是一线员工应掌握的一种安全工作技能，目的是

规范作业危害分析，控制作业风险，确保作业人员健康和安全。

（　　）16. 工艺变更关闭后需及时进行信息维护与沟通共享。

（　　）17. 口头工作安全分析是指在作业过程中，由作业人员按照工作安全分析步骤，对进行的作业活动进行现场口头交代的工作安全分析。

（　　）18. 危害识别时应充分考虑人员、设备、材料和环境四个方面以及正常和异常两种状态。

（　　）19. 行为安全观察与沟通是通过对人的行为的观察，发现在行为、工作条件、作业环境等方面的优点，通过及时肯定优点，从而达到纠正不安全行为和不安全状态的一种管理工具。

（　　）20. 一次成功的安全观察与沟通应包括观察、肯定、讨论、承诺、启发、感谢等六个步骤。

（　　）21. 基层班组的日常检查是由班组自行组织开展的，检查依据为安全管理各项标准，每次检查重点只能是某一个区域的情况，通过组织日常检查，及时发现和消除装置存在的跑冒滴漏、低老坏等隐患。

（　　）22. 基层班组的隐患是可以从根源上完全消除的。

（　　）23. 基层班组对隐患彻底解决后，需要对隐患进行关闭，确保隐患治理形成一个闭环管理，并在隐患登记册中体现出来。

（　　）24. 社会安全事件，主要包括恐怖袭击事件、民族宗教事件、经济安全事件、涉外突发事件和群体性事件等。

（　　）25. 在应急预案编制过程中将预案的编制和岗位危害辨识、风险评价和控制有机地整合在一起，才能使应急预案（预构想）编制不"失真"。

（　　）26. 预案演练是对应急能力的一个综合检验，应定期组织所有人参加预案模拟演练，使应急人员更清晰地明确各自的职责和工作程序，提高协同作战的能力，保证应急救援工作的协调性和有效、迅速地开展。

（　　）27. 通过应急演练，班组长可以预先发现预案和程序的缺陷，增强员工应对突发事件的能力，提高整体应急反应能力。

（　　）28. 应急物资应按照突发事件应急预案要求的种类、数量进行储备。

（　　）29. 为指导和规范中国石油突发事件应急物资管理工作，进一步提高应对各类突发事件的应急物资保障能力，依照《中华人民共和国突发事件应对法》等法律法规，中国石油于2012年12月组织制订了《中国石油天然气集团公司突发事件应急物资储备管理办法》。

（　　）30. 具有使用期限的应急物资，应该在到期前2个月或者6个月，申请调剂使用和补充。

四、简答题

1. 简述 HSE 管理体系的理念。
2. 简述中国石油发布的 Q/SY 1002.1—2013 中的修订部分。
3. 简述机械完整性实施的具体内容。
4. 简述书面工作安全分析包括的内容或情形。

5. 简述基层班组危害识别的具体做法。
6. 简述应急预案编制要考虑的因素。
7. 为确保应急预案的全面性要问哪几个是否？
8. 简述应急演练评估手册中的问题类别。
9. 简述班组在日常工作中进行应急物资管理应注意的事项。
10. 简述应急物资科学储备和管理的注意事项。

第十章 石油企业常用法律法规试题

一、**单项选择题**（每题有 4 个选项，只有 1 个是正确的，将正确的选项填入括号内）

1. 下列描述正确的是（　　）。
   A. 在日常班组管理中，不少员工认为法律距离自身遥远，我们执行的是企业（公司）的管理制度，还上升不到依法"治组"的高度
   B. 班组，作为一个小团体，是不具备法人资格的，所以在其社会活动中不用被法律所规范
   C. 我们在制定企业规章制度或落实某项具体工作时，只有部分管理制度与法律法规有联系
   D. 企业法制建设是由一个个班组的依法管理来实现的，作为最小生产单元的班组，尤其是班组长，应该积极学法、知法和用法
2. 法律是一个庞大的体系，就我国的法律体系来讲，分为（　　）等层次。
   A. 宪法、法律、行政法规　　　　　　B. 法律、行政法规、部门规章
   C. 法律、行政法规、地方性法规　　　D. 行政法规、地方性法规、部门规章
3. 采油站的小梅是回族姑娘，班站里的员工都经常帮助她。这是履行（　　）。
   A. 维护民族团结的义务　　　　　　　B. 保守国家秘密的义务
   C. 赡养扶助父母的义务　　　　　　　D. 遵守公共秩序的义务
4. 王班长家 6 岁的孩子成了一名小学生。这是享受了公民的（　　）。
   A. 受教育权　　B. 社会经济权　　C. 平等权　　D. 人身自由权
5. 小吴家搬进了政府提供的保障性住房。这是享受了公民的（　　）。
   A. 休息权　　B. 物质帮助权　　C. 平等权　　D. 社会经济权
6. 根据《中华人民共和国宪法》中关于公民基本权利和义务的有关规定，下列说法中正确的是（　　）。
   A. 公民非经公安机关批准、执行，不受逮捕
   B. 服兵役既是我国公民的基本权利也是公民的基本义务
   C. 我国公民在年老、疾病或者遭受自然灾害时有获得物质帮助的权利
   D. 我国公民被剥夺政治权利的，其出版自由也被剥夺
7. 对漫画《厚此薄彼》中人物的做法，下列描述正确的是（　　）。
   A. 正确，他充分享有了权利　　　　　B. 错误，割裂了权利与义务的关系
   C. 正确，充分享有权利才能更好履行义务　　D. 错误，他应该先履行义务，再享有权利

8. 下列对宗教信仰自由描述不正确的是（　　）。

A. 指公民依据内心的信念，自愿地信仰宗教的自由

B. 有信仰或不信仰宗教的自由

C. 在同一宗教里信仰一个教派的自由

D. 过去信教现在不信教的自由，过去不信教现在信教的自由

9. 我国公民的基本权利中，既是权利也是一种义务的是（　　）。

A. 受教育权和劳动权　　　　　　　B. 教育权和劳动权

C. 人身自由权和劳动权　　　　　　D. 社会经济权和受教育权

10. 下列选项中属于公民基本义务的是（　　）。

①维护国家统一和各民族团结；②同工同酬权；③遵守宪法和法律，保守国家秘密，爱护公共财产；④住宅安全权；⑤维护国家安全、荣誉和利益；⑥科学研究自由；⑦依照法律纳税

A. ①③⑤⑦　　　　B. ②③⑤⑦　　　　C. ①③④⑥　　　　D. ②③⑤⑦

11. 针对劳动就业权描述不正确的是（　　）。

A. 小王只要年满十八周岁，就一定享有劳动权

B. 小王年满十八周岁且身体健康，一定享有劳动权

C. 公民的劳动就业权是公民享有其他各项权利的基础

D. 小王虽然是某油田单位的临时工，但他与正式工同样享有按劳取酬的权利

12. 《劳动法》第三条第二款规定了劳动者的义务，其中劳动者最主要的义务是（　　）。

A. 劳动者必须提高职业技能　　　　B. 劳动者应当完成劳动任务

C. 劳动者必须遵守劳动纪律　　　　D. 劳动者必须遵守职业道德

13. （　　），是劳动者在共同劳动中所必须遵守的劳动规则和秩序。

A. 规章制度　　　B. 操作程序　　　C. 劳动纪律　　　D. 职业道德

14. 职业道德，是从业人员在职业活动中应当遵循的道德规范。其基本要求是（　　），并对社会负责。

A. 遵守劳动纪律　　B. 忠于职守　　C. 遵守职业规范　　D. 服从管理

15. 用人单位自（　　）起即与劳动者建立劳动关系。

A. 用工之日　　　　　　　　　　　B. 签订合同之日

C. 上级批准日   D. 劳动者领取工资之日

16. 参加工伤保险由（　　）缴费。
A. 单位   B. 职工
C. 单位和职工共同   D. 用人单位和政府共同

17. 以下哪一种不是劳动合同的种类（　　）。
A. 有固定期限的合同   B. 无固定期限的合同
C. 以完成一定工作为期限的合同   D. 临时合同

18. 劳动合同的选择条款是（　　）。
A. 劳动合同终止的条件   B. 劳动报酬
C. 工作内容   D. 劳动合同的试用期

19. 劳动合同的解除，是指当事人双方（　　）劳动合同的法律效力，解除双方的权利义务关系。
A. 中止   B. 因法定事实结束
C. 提前终止   D. 因不可抗力结束

20. 劳动合同终止则是指劳动合同订立后，（　　），导致用人单位与劳动者之间形成的劳动关系自动归于消灭的情形。
A. 中止   B. 因法定事实结束   C. 提前终止   D. 因不可抗力结束

21. 劳动者可以随时通知用人单位解除劳动合同的情况是（　　）。
A. 用人单位以暴力、威胁的手段强迫劳动者劳动的
B. 用人单位有用非法限制人身自由的手段强迫劳动者劳动的
C. 用人单位违章指挥、强令冒险作业危及劳动者人身安全的
D. 以欺诈、胁迫的手段或者乘人之危订立，致使劳动合同无效的

22. 不属于劳动者可以立即解除劳动合同，无须通知用人单位的情况是（　　）。
A. 用人单位以暴力、威胁的手段强迫劳动者劳动的
B. 用人单位有用非法限制人身自由的手段强迫劳动者劳动的
C. 用人单位违章指挥、强令冒险作业危及劳动者人身安全的
D. 以欺诈、胁迫的手段或者乘人之危订立，致使劳动合同无效的

23. 用人单位能与下列劳动者解除劳动合同的是（　　）。
A. 老李今年57岁，在某单位连续工作满20年
B. 小张的小孩刚刚3个月
C. 王强今年37岁，25岁大学毕业就一直在本单位上班，前年因患脑梗不得不停止工作治病休息
D. 小赵在本单位因工负伤并被确认为四级工伤

24. 劳动者在试用期内（　　）通知用人单位，可以解除劳动合同。
A. 提前三日   B. 提前四日   C. 提前五日   D. 提前六日

25. 用人单位按劳动者月工资支付经济补偿，月工资是指劳动者在劳动合同解除或者终止前（　　）的平均工资。
A. 6个月   B. 12个月   C. 8个月   D. 3个月

26. 《中华人民共和国安全生产法》由第九届全国人民代表大会常务委员会第二十八次

会议于（　　）。

  A. 2002 年 5 月 29 日通过公布，同年 11 月 1 日起施行

  B. 2002 年 6 月 29 日通过公布，同年 11 月 1 日起施行

  C. 2002 年 7 月 29 日通过公布，同年 11 月 1 日起施行

  D. 2002 年 8 月 29 日通过公布，同年 11 月 1 日起施行

27. （　　），是指对各生产经营单位的负责人及相关人员所规定的在他们各自的职责范围内对安全生产工作应负责任的制度。

  A. 个人安全生产责任制度　　　　　　B. 负责人安全生产责任制度

  C. 安全管理人员安全生产责任制度　　D. 单位安全生产责任制度

28. 《中华人民共和国安全生产法》确立了注册安全工程师制度，规定危险物品的生产、储存单位以及（　　）应当有注册安全工程师从事安全生产管理工作。

  A. 运输单位　　　　　　　　　　　　B. 民用航空单位

  C. 矿山、金属冶炼单位　　　　　　　D. 危险物品的经营单位

29. 《中华人民共和国环境保护法》与国际接轨，把每年（　　）确定为环境日。

  A. 6 月 5 日　　B. 6 月 4 日　　C. 6 月 3 日　　D. 6 月 2 日

30. 《中华人民共和国环境保护法》中的"三同时"制度，是指新建、扩建、改建项目和技术改造项目的防治污染及其他公害的设施，必须与主体工程（　　），它是我国严格控制产生新污染源的一项重要的环境管理制度。

  A. 同时施工、同时完工、同时投产　　B. 同时施工、同时设计、同时投产

  C. 同时设计、同时施工、同时完工　　D. 同时设计、同时施工、同时投产

31. 排污收费制度，是指凡向环境排污的（　　），都要按国家规定的标准缴纳一定费用的制度。

  A. 单位　　　B. 个人　　　C. 单位和个人　　　D. 以上都不对

32. 下列对"三同时"制度的描述不正确的是（　　）。

  A. 建设项目在建议书中，应对该项目建成后对环境造成的影响加以简要说明

  B. 在可行性报告中，必须有环境资源保护篇章

  C. 在建设项目的施工阶段，环境资源保护设施必须与主体工程同时施工

  D. 建设项目在正式使用之前，建设单位必须提交"环境保护设施验收合格证"后，才能正式投入生产或使用

33. 环境保护目标责任制的实施程序，通常分为（　　）阶段。

  A. 一个　　　B. 两个　　　C. 三个　　　D. 四个

34. （　　），是实行城市环境综合整治的有效措施，也是实行城市环境目标管理的重要手段。

  A. 定性考核　　B. 定量考核　　C. 定性与定量考核　　D. 以上都不对

35. 城市环境综合整治以规划为依据，以改善和提高环境质量为（　　），推动城市环境综合整治深入开展。

  A. 根本　　　B. 基础　　　C. 目的　　　D. 指标

36. 排污许可通过对排污量等方面的限制，使（　　）污染源排污总量之和必须与总量控制指标相一致，并留有一定余地。

  A. 每个　　　B. 某些　　　C. 关键　　　D. 重点

37. （　　），是在一个特定的范围内，为保护环境所建立的集中治理设施和采取集中治理的制度，是强化环境管理的一种重要手段。
   A. 污染集中控制制度　　　　　　　　B. 污染限期治理制度
   C. 排污许可证制度　　　　　　　　　D. 排污收费制度

38. 侵害石油企业利益的违法犯罪行为种类繁多，从不同的角度，可以分为不同的类型。通常，从其（　　）上，分为一般违法犯罪行为和严重违法犯罪行为两大类。
   A. 危害行为　　　B. 危险后果　　　C. 危害程度　　　D. 危害时间

39. 侵害石油企业利益违法犯罪行为，多是利用（　　）里勾外连，隐蔽作案，借"天时地利"伺机作案，难以及时发现。
   A. 职务之便　　　B. 岗位之便　　　C. 关系之便　　　D. 人情之便

40. 不法分子为盗窃油气资源，不计后果地采用切割、打孔、撬砸、拆卸、开关等手段破坏（　　），其结果，不仅损坏油气设备，还会造成油气泄漏并污染周边环境，社会危害性极大。
   A. 油气设备　　　　　　　　　　　　B. 正在使用的油气设备
   C. 库房中的油气设备　　　　　　　　D. 油田设施

41. 《中华人民共和国安全生产法》规定追究生产经营单位法律责任的安全生产违法行为共有（　　）种。
   A. 26　　　B. 27　　　C. 28　　　D. 29

42. 《中华人民共和国安全生产法》对安全生产违法行为设定的法律责任有（　　）。
   A. 行政责任　　　　　　　　　　　　B. 刑事责任
   C. 民事责任　　　　　　　　　　　　D. 行政责任、民事责任和刑事责任

43. 如果安全生产违法行为导致生产安全事故发生，给他人造成损害或者其他违法行为造成他人损害的，承担（　　）。
   A. 行政责任　　　　　　　　　　　　B. 刑事责任
   C. 赔偿责任或者连带赔偿责任　　　　D. 行政责任、民事责任和刑事责任

44. 下列属于《中华人民共和国安全生产法》规定的生产经营单位安全生产违法行为的是（　　）。
   A. 特种作业人员按照规定经专门的安全作业培训并取得特种作业操作资格证书，上岗作业的
   B. 安全设备的安装、使用、检测、改造和报废符合国家标准或者行业标准的
   C. 未对安全设备进行经常性维护、保养和定期检测的
   D. 为从业人员提供符合国家标准或者行业标准的劳动防护用品的

45. 生产、经营、储存、使用危险物品的生产经营单位，要（　　）。
   A. 建立专门安全管理制度　　　　　　B. 采取可靠的安全措施
   C. 接受有关主管部门依法实施的监督管理　D. 以上都包括

46. 《中华人民共和国环境保护法》明确规定："一切单位和个人都有保护环境的（　　）。"
   A. 义务　　　B. 责任　　　C. 责任和义务　　　D. 以上都不对

47. 不报、谎报事故罪，是指在安全事故发生后，（　　）不报或者谎报事故情况，贻误事故抢救，情节严重的行为。
   A. 班组长　　　　　　　　　　　　　B. 本单位负责人

C. 负有报告职责的人员　　　　　　　D. 班组长或本单位负责人

48. 不报、谎报事故罪，情节特别严重的，处（　　）有期徒刑。
    A. 二年以上七年以下　　　　　　　B. 三年以上七年以下
    C. 一年以上三年以下　　　　　　　D. 五年以上十年以下

49. 下列对生产经营单位的主要负责人在安全事故发生后有关描述不正确的是（　　）。
    A. 在本单位发生生产安全事故时，立即组织抢救的不予降级、撤职的处分
    B. 在本单位发生生产安全事故时，在事故调查处理期间擅离职守或者逃匿的，给予降级、撤职的处分
    C. 在本单位发生生产安全事故时，逃匿的处十五日以下拘留
    D. 在本单位发生生产安全事故时，逃匿的处十日以下拘留

50. 国家工作人员利用职务上的便利，侵吞、窃取、骗取或者以其他手段非法占有公共财物的，是（　　）。
    A. 侵占　　　　　B. 挪用资金　　　　　C. 贪污　　　　　D. 挪用公款

51. 下列关于利用职务上的便利和利用工作上的便利描述正确的是（　　）。
    A. 行为人对于其非法占有的财物，如果具有职务上所赋予的独立支配的权利，就是利用工作上的便利
    B. 行为人如果对其非法占有的财物并无直接控制与独立支配的职责与权利，就是利用职务上的便利
    C. 行为人对于其非法占有的财物，如果具有职务上所赋予的独立支配的权利，就是利用职务上的便利；如果对其非法占有的财物并无直接控制与独立支配的职责与权利，则属于利用工作上的便利
    D. 二者没有什么区别

52. 利用工作上的便利将财物非法据为己有，（　　）。
    A. 不构成贪污罪而构成职务侵占罪　　　B. 不构成盗窃罪而构成侵占罪
    C. 不构成贪污罪而构成侵占罪　　　　　D. 不构成侵占罪而构成职务侵占罪

53. 争议的调解，有民间调解与行政调解两种。其中行政调解，即（　　）的调解。
    A. 民间组织　　　B. 政府部门　　　C. 法院　　　D. 公安机关

54. 依照现行法律规定，行政调解必须以当事人双方自愿调解为（　　），一方不愿调解的，不能受理。
    A. 根本　　　　　B. 基础　　　　　C. 前提　　　　　D. 要件

55. 下列对行政调解描述不正确的是（　　）。
    A. 调解前，必须以当事人双方自愿调解为要件
    B. 调解中，一方当事人不愿继续调解的，应当终止调解
    C. 调解后，当事人不履行调解协议的，根据仲裁协议向仲裁机构申请仲裁
    D. 调解后，当事人不履行调解协议的，可以通过行政手段强制当事人接受调解或强制执行调解协议

56. 仲裁，又称作"公断"，即当事人将其争议提请仲裁机关处理，由仲裁机关依法作出（　　），从而解决当事人之间的争议。
    A. 裁断　　　　　B. 判断　　　　　C. 判决　　　　　D. 决断

57. 生产经营单位使用（　　）明令淘汰、禁止使用的危及生产安全的工艺、技术、设备的是安全违法行为。
   A. 国家　　　　　B. 法院　　　　　C. 地方各级政府　　D. 检察院

58. 生产经营单位进行爆破、吊装等危险作业，要安排（　　）进行现场安全管理。
   A. 临时指定人员　B. 专门管理人员　C. 当班的班组长　　D. 单位负责人

59. 生产经营单位应具备安全生产法和其他有关法律、行政法规和国家标准或者行业标准规定的（　　）。
   A. 安全管理人员　B. 生产条件　　　C. 生产环境　　　　D. 安全生产条件

60. 生产经营单位应为从业人员提供符合（　　）的劳动防护用品。
   A. 国家标准　　　　　　　　　　　B. 行业标准
   C. 国家标准或者行业标准　　　　　D. 企业标准

二、多项选择题（每题有4个选项，至少有2个是正确的，将正确的选项填入括号内）

1. 法律是一个庞大的体系，就我国的法律体系来讲，分为（　　）层次，分别由（　　）法律部门组成。
   A. 两个　　　　　B. 三个　　　　　C. 六个　　　　　　D. 七个

2. 公民基本权利也称宪法权利。关于公民基本权利，下列哪些选项是正确的是（　　）。
   A. 人权是基本权利的来源，基本权利是人权宪法化的具体表现
   B. 基本权利的主体主要是公民，在我国法人也可以作为基本权利的主体
   C. 我国公民在行使自由和权利的时候，不得损害国家的、社会的、集体的利益和其他公民的合法自由和利益
   D. 权利和义务的平等性是我国公民基本权利和义务的重要特点

3. 属于我国公民基本权利的有（　　）。
   A. 物权　　　　　B. 人身自由权　　C. 受教育权　　　　D. 劳动权

4. 人身自由不受侵犯，即公民享有人身不受任何非法（　　）限制的权利。
   A. 搜查　　　　　B. 拘禁　　　　　C. 逮捕　　　　　　D. 剥夺

5. 请求权，即公民依照宪法规定，要求国家作一定行为的权利，包括（　　），广义上还包括监督权。
   A. 国家赔偿请求权　B. 国家补偿请求权　C. 社会经济权　　D. 裁判请求权

6. 特定主体的权利保护是指受国家特殊保护的（　　）。
   A. 孕妇　　　　　B. 儿童　　　　　C. 老人　　　　　　D. 残疾人

7. 劳动者在劳动力市场上作为就业的主体，具有支配自身劳动力的权利，可根据自身的（　　），以及市场资讯，自主选择用人单位和工作岗位。
   A. 素质　　　　　B. 能力　　　　　C. 志趣　　　　　　D. 爱好

8. 《中华人民共和国劳动法》规定的社会保险包括养老保险、（　　）等。
   A. 医疗保险　　　B. 年金　　　　　C. 失业保险　　　　D. 生育保险

9. 法律规定的劳动者的其他权利包括（　　）。
   A. 依法参加和组织工会的权利
   B. 依法参加社会义务劳动的权利

C. 提请劳动争议处理的权利

D. 对用人单位管理人员违章指挥、强令冒险作业有拒绝执行的权利

10. 劳动者无须通知用人单位可立即解除劳动合同的情形包括（　　）。

A. 劳动者在试用期内

B. 用人单位以暴力、威胁或非法限制人身自由的手段强迫劳动

C. 用人单位未按照劳动合同约定支付劳动报酬或提供劳动条件的

D. 用人单位未依法为劳动者缴纳社会保险的

11. 所谓劳动者预告解除，是指劳动者要（　　）后，方可解除劳动合同。

A. 履行书面通知义务

B. 办理交接手续

C. 偿付委培单位未达到约定服务年限的委培费用

D. 提前15日以书面形式通知用人单位

12. 用人单位应当向劳动者支付经济补偿的是（　　）。

A. 用人单位未按照当事人约定提供劳动保护或劳动条件的

B. 用人单位未及时足额支付劳动报酬的

C. 用人单位未依法为劳动者缴纳社会保险费的

D. 用人单位的规章制度违反法律规定，损害劳动者权益的

13. 《中华人民共和国安全生产法》把（　　）作为一项重要内容，做出了重要规定。

A. 明确安全责任

B. 发挥生产经营单位安全生产管理机构的作用

C. 发挥全员的安全生产作用

D. 发挥安全生产管理人员作用

14. 《中华人民共和国安全生产法》中对安全事故责任追究制度的主要内容包含（　　）。

A. 规定了事故行政处罚和行业禁入　　B. 建立了严重违法行为公告和通报制度

C. 规定了事故行政处罚和终身行业禁入　D. 建立了违法行为公告和通报制度

15. 安全生产标准化，是在传统的安全质量标准化基础上，根据当前安全生产工作的要求、企业生产工艺特点，借鉴国外现代先进安全管理思想，形成的一套（　　）安全管理体系。

A. 系统的　　　　　B. 超前的　　　　　C. 规范的　　　　　D. 科学的

16. 《中华人民共和国环境保护法》确立的环保基本原则是（　　）。

A. 保护优先　　　　　　　　　　B. 预防为主

C. 综合治理　　　　　　　　　　D. 公众参与和损害担责

17. 《中华人民共和国环境保护法》规定（　　）的防治污染及其他公害的设施，必须与主体工程实行"三同时"制度。

A. 新建、扩建、改建项目　　　　B. 新建、扩建项目

C. 技术改造项目　　　　　　　　D. 技术扩建项目

18. 排污收费制度的目的是促进排污单位（　　），改善环境。

A. 加强管理　　　　　　　　　　B. 减少浪费

C. 治理污染　　　　　　　　　　D. 节约和综合利用资源

19. 实行排污收费制度的目的是促进排污单位加强管理，节约和综合利用资源，减少浪费，（　　）。
　　A. 实现环境效益　　　B. 治理污染　　　C. 改善环境　　　D. 实现社会效益
20. 环境保护目标责任制的实施程序，通常分为（　　）等阶段。
　　A. 制定阶段　　　B. 责任书下达阶段　　　C. 验收阶段　　　D. 实施阶段
21. 定量考核的内容和指标，包括（　　）、固体废物处置与综合利用以及绿化等方面。
　　A. 大气环境保护　　　B. 水环境保护　　　C. 噪声控制　　　D. 土地保护
22. 排污许可证的审核批准，主要是对排污量、（　　）等方面的限制。
　　A. 排污特点　　　B. 排放方式　　　C. 排放时间　　　D. 排放口位置
23. 实施侵害石油企业利益违法犯罪的行为人，具有多样性的特点，例如（　　）。
　　A. 既有企业自身内部的员工，也有社会上的不法人员
　　B. 既有违法行政的职能部门或单位，也有渎职违规行事的管理者
　　C. 既有相互勾结、沆瀣一气作案的团伙，也有胆大妄为、独自单干的个人
　　D. 既有单位领导，也有社会闲人
24. 《中华人民共和国安全生产法》对安全生产违法行为设定的法律责任有实施罚款、（　　）、责令停止建设、责令停止违法行为、关闭等行政处罚。
　　A. 没收违法所得　　　B. 责令限期改正　　　C. 停产停业整顿　　　D. 吊销证照
25. 在事故发生后，下列对生产经营单位的主要负责人的有关描述正确的是（　　）。
　　A. 在本单位发生生产安全事故时，立即组织抢救的不予降级、撤职的处分
　　B. 在本单位发生生产安全事故时，在事故调查处理期间擅离职守或者逃匿的，给予警告、降级、撤职的处分
　　C. 在本单位发生生产安全事故时，逃匿的处十五日以下拘留
　　D. 在本单位发生生产安全事故时，逃匿的处十日以下拘留
26. 利用职务上的便利，是指利用职务上（　　）公共财物的权力及方便条件。
　　A. 主管　　　B. 管理　　　C. 维护　　　D. 经手
27. 就发生在石油企业的贪污受贿案来看，主要的违法表现有（　　）。
　　A. 利用职务便利，编造假账，私吞公款　　　B. 私设小金库，搞账外账
　　C. 名为借款，实为挪用　　　D. 公款私存，侵吞利息
28. 社会上不法分子对石油企业利益的侵害行为表现在（　　）。
　　A. 社会不法分子对油气资源的盗窃方面　　　B. 社会不法分子破坏油气设备方面
　　C. 社会不法分子对油气资源的哄抢方面　　　D. 社会不法分子对油气资源的使用方面
29. 不法分子在盗油过程中，采用切割、打孔、撬砸、拆卸、开关等手段破坏正在使用的油气设备的，属于（　　）。
　　A. 《中华人民共和国刑法》第一百一十八条规定的"破坏燃气或者其他易燃易爆设备"的行为
　　B. 《中华人民共和国刑法》第一百一十九条规定的"破坏燃气或者其他易燃易爆设备"的行为
　　C. 依法以"破坏易燃易爆设备罪"定罪处罚
　　D. 依法以"盗窃罪"定罪处罚

30. 依照法律规定，在聚众哄抢事件中受惩罚的应是"首要分子"或者"积极参加的人"，而（　　）只是给予批评教育，不承担法律责任。
   A. 所有参与的人　　B. 主动参与的人　　C. 受蒙蔽的群众　　D. 受胁迫的群众

31. 《中华人民共和国刑法》第二百六十八条规定，聚众哄抢公私财物，数额较大或者有其他严重情节的，对首要分子和积极参加的，处（　　）有期徒刑、拘役或者管制，并处罚金；数额巨大或者有其他特别严重情节的，处（　　）有期徒刑，并处罚金。
   A. 三年以下　　　　　　　　　　B. 一年以下
   C. 三年以上十年以下　　　　　　D. 三年以上七年以下

32. 依照法律规定，在处理聚众哄抢事件中的违法人员时，要区别对待（　　）。
   A. 积极参与的群众　B. 首要分子　　C. 一般群众　　D. 受蒙蔽的群众

33. 争议的协商解决是目前最被提倡的一种解决方式，也是成本耗费最低的一种解决方式，优点有（　　）。
   A. 不需要通过上级行政机关或司法机关　　B. 减少争议双方的矛盾
   C. 缩短争议解决的时间　　　　　　　　　D. 减少争议解决的环节

34. 下列对行政调解描述正确的是（　　）。
   A. 调解前，必须以当事人双方自愿调解为要件
   B. 调解中，一方当事人不愿继续调解的，应当终止调解
   C. 调解后，当事人不履行调解协议的，根据仲裁协议向仲裁机构申请仲裁
   D. 调解后，当事人不履行调解协议的，可以通过行政手段强制当事人接受调解或强制执行调解协议

35. 诉讼解决争议坚持己方所在地法院管辖的原因有（　　）。
   A. 节约诉讼成本　　　　　　　　B. 有利于为双方营造良好的司法环境
   C. 有利于为己方营造良好的司法环境　　D. 有利于实现诉讼中的各类权利

36. 下列关于生产经营单位对承包单位、承租单位的管理描述正确的是（　　）。
   A. 要签订专门的安全生产管理协议
   B. 在承包合同、租赁合同中要明确各自的安全生产管理职责
   C. 对承包单位、承租单位的安全生产要统一协调、管理
   D. 以上都对

37. 不法分子为盗窃油气资源，采用（　　）、开关等手段破坏正在使用的油气设施、设备的，其结果不仅损坏了油气设备，造成油气泄漏并污染周边环境，还会导致火灾和爆炸等灾难性事故发生。
   A. 切割　　　　B. 打孔　　　　C. 撬砸　　　　D. 拆卸

38. 生产经营场所和员工宿舍要设有（　　）的出口。
   A. 符合紧急疏散需要　　　　B. 标志明显
   C. 符合疏散需要　　　　　　D. 保持畅通

39. 依据环保政策与原则，下列说法正确的是（　　）。
   A. 一切单位和个人都有保护环境的义务
   B. 企事业单位和其他生产经营者应当防止、减少环境污染和生态破坏，对所造成的损害依法承担责任

C. 公民应当增强环境保护意识，采取低碳、节俭的生活方式，自觉履行环境保护义务
D. 公民必须增强环境保护意识，采取低碳、节俭的生活方式

40. "三同时"制度是指新建、扩建、改建项目和技术改造项目的防治污染及其他公害的设施，必须与主体工程（　　）。
A. 同时使用　　　　B. 同时设计　　　　C. 同时施工　　　　D. 同时投产

三、判断题（对的画√，错的画×）

（　　）1. 企业法制建设是由一个个班组的依法管理来实现的，作为最小生产单元的班组，尤其是班组长，应该积极学法、知法和用法。

（　　）2. 公民平等地享有权利，平等地履行义务，既是公民的基本权利，又是法治国家的宪法原则。

（　　）3. 人身自由又称身体自由，是指公民的人身不受非法侵犯的自由，是以人身保障为基础的权利体系。

（　　）4. 公民财产权，即公民个人通过劳动或其他合法方式取得财产和享有占有、收益、处分财产的权利。

（　　）5. 作为劳动者的每位班组成员，应当熟知自己享有什么样的劳动权利和承担什么样的劳动义务。只有这样，才能实现依法享有劳动权利，并履行相应的劳动义务，真正做一个合格的劳动者。

（　　）6. 劳动者对国家以及企业内部关于劳动安全卫生规程的规定，必须严格执行，以保障安全生产，从而保证其劳动任务的圆满完成。

（　　）7. 劳动合同是劳动者与用人单位之间确立劳动关系、明确双方权利和义务的协议。

（　　）8. 用人单位招用劳动者，不得扣押劳动者的居民身份证和其他证件，不得要求劳动者提供担保或者以其他名义向劳动者收取财物。

（　　）9. 劳动合同部分无效，虽影响其他部分效力，但其他部分也无效。

（　　）10. 经济补偿按劳动者在本单位工作的年限，每满一年支付一个月工资的标准向劳动者支付。六个月以上不满一年的，按一年计算；不满六个月的，向劳动者支付一个月工资的经济补偿。

（　　）11. 生产经营单位必须建立生产安全事故隐患排查治理制度，采取技术、管理措施及时发现并消除事故隐患，并向从业人员通报隐患排查治理情况。

（　　）12. 注册安全工程师按专业分类管理，授权国家应急管理部制定具体实施办法。

（　　）13. 2014年4月24日第十二届全国人民代表大会常务委员会第八次会议对《环境保护法》进行修订，同年10月1日起正式实施。

（　　）14. "三同时"制度，是我国环境保护工作的一项创举，它是指新建、扩建、改建项目和技术改造项目的防治污染及其他公害的设施，必须与主体工程同时设计、同时施工、同时投产，它是我国严格控制产生新污染源的一项重要的安全管理制度。

（　　）15. 各地可随意确定环境保护目标责任制的考核指标和方法。

（　　）16. 城市环境综合整治，就是把城市环境作为一个系统，运用系统工程的理论和方法，通过采取多目标、多层次的综合手段和措施，对城市环境进行综合管理控制，以最小投入换取城市环境质量最优。

（　　）17. 侵害石油企业利益的违法犯罪行为，与一般的违法犯罪行为危害性一样，

危害后果都很严重。

（　　）18. 排污许可证制度，是指向环境中排放污染物质的单位，按照有关规定向环境保护行政主管部门申请领取排污许可证，经批准发证后，按照排污许可证所规定的条件排放污染物的制度。

（　　）19. 限期治理制度是强化环境管理的一项重要措施。

（　　）20. 生产经营单位生产、经营、储存、使用危险物品的车间、商店、仓库与员工宿舍在同一座建筑内属于生产经营单位的安全违法行为。

（　　）21. 事故发生单位有拒绝接受调查或者拒绝提供有关情况和资料的行为的，处300万元以上500万元以下的罚款。

（　　）22. 在《中华人民共和国刑法》中，贪污罪、受贿罪、职务侵占罪、挪用公款罪等犯罪构成都将"利用职务便利"作为客观方面的必备要件。

（　　）23. 利用职务上的便利，是指行为人与非法占有的财物之间并无职责上管理与支配的权限，仅仅是因为在工作中形成的机会或偶然情况接触到他人管理、经手的财物，或因工作关系熟悉周围环境等，对非法占有财物形成了便利条件。

（　　）24. 在聚众哄抢事件中处理首要分子和积极参与者时，要注意发挥专责机关与企业职工的作用。

（　　）25. 石油企业要想规避地方政府有关部门及工作人员的不当干预，切实维护好自身合法权益，就需妥善处理好与内部的关系。

（　　）26. 协商解决争议是争议解决方式中法律效力最低、不确定性因素最多的一个。

（　　）27. 行政调解，是在当事人自愿基础上，在政府有关部门协助下，以调解方式解决争议的一种形式。它与仲裁机构的仲裁一样。

（　　）28. 生产经营单位未经依法批准，擅自生产、经营、储存危险物品的是安全违法行为。

（　　）29. 生产经营单位对重大危险源登记建档，或者进行评估、监控，或者制定应急预案的是安全违法行为。

（　　）30. 生产经营单位应当将生产经营项目、场所、设备发包或者出租给具备安全生产条件或者相应资质的单位或者个人。

四、简答题

1. 简述公民的基本权利。
2. 简述《中华人民共和国宪法》中公民的政治权利和自由的内容。
3. 简述劳动者的权利所包含的内容。
4. 简述用人单位预告解除的情形。
5. 简述劳动合同终止的情形。
6. 简述国家为落实《中华人民共和国环境保护法》制定的配套文件。
7. 简述《中华人民共和国环境保护法》中确立的环保法律制度。
8. 简述侵害石油企业利益违法犯罪行为的特点。
9. 简述《生产安全事故报告和调查处理条例》中规定的迟报、谎报、漏报、瞒报的定义。
10. 简述处理聚众哄抢事件时要注意的事项。

参考答案

第一章 中国石油企业文化试题答案

一、单项选择题

1. A 2. A 3. C 4. B 5. D 6. D 7. B 8. A 9. A 10. A 11. B 12. A 13. A 14. D
15. D 16. B 17. C 18. B 19. A 20. A 21. B 22. C 23. D 24. B 25. A 26. B 27. C
28. D 29. A 30. C 31. C 32. D 33. A 34. B 35. B 36. A 37. C 38. C 39. D 40. C
41. D 42. D 43. A 44. B 45. A 46. C 47. C 48. D 49. C 50. B 51. A 52. B 53. D
54. C 55. A 56. A 57. C 58. B 59. C 60. A

二、多项选择题

1. ACD 2. ABC 3. ABD 4. ABD 5. ABC 6. BCD 7. BCD 8. ACD 9. ABC 10. ABCD
11. ABCD 12. ABC 13. BD 14. ABCD 15. BCD 16. ABC 17. BCD 18. BCD 19. ABCD
20. BCD 21. ABC 22. ABCD 23. ABCD 24. ABCD 25. ABCD 26. ABC 27. ABC 28. ABD
29. ABD 30. ABD 31. ABCD 32. ABC 33. ABC 34. ABC 35. AB 36. ABC 37. ABC
38. ABC 39. AB 40. ABCD

三、判断题

1. √ 2. × 中国石油的企业标识图样为红黄两色构成的图形。 3. √ 4. × 作为国有重要能源企业，中国石油必须最大限度地满足社会发展对油气的需求，为此，不能忽略对生态环境的考量。 5. × 中国石油企业标识中，标识的中心是太阳初升，光芒四射，象征着中国石油朝气蓬勃、前程似锦。 6. × 石油企业内外的文艺工作者创作了大量优秀的文艺作品，其中话剧《地质师》获得国家"五个一"工程奖。 7. × 1997年，石油行业涌现出一大批在全国有重大影响的典型个人，如"铁人式的好工人"王为民。 8. × 铁人精神是大庆精神的人格化和具体化。 9. √ 10. × 1981年，在党中央第47号文件中，把大庆精神高度概括为爱国、创业、求实、献身。 11. × 总的来说，我国的石油企业文化经历了三个时期，第三个时期中国石油行业逐渐跻身于世界一流企业的行列。 12. √ 13. × 石油工业发展中的"三基"工作指的是基层建设、基础工作、基本功训练。 14. × 中国石油天然气集团有限公司的营销理念是：市场导向、客户至上、以销定产、以产促销、一体协同、竞合共赢。 15. × 发现大庆油田之后，国家将找油的重点从西部转移到东部，从此以后，石油工业的发展更加迅速。　　16.√　17.×　1949年我国的石油总产量仅为12万吨。　　18.×　1955年，随着克拉玛依油田、冷湖油田和南充油田的发现，我国石油工业取得了石油勘探的第一次重大突破。　　19.×　在石油工业发展的初期，会战是石油建设的主体方式。　　20.×　新中国成立之初，国家领导人就明确指出，要进行建设，石油是不可缺少的，石油在中国一直带有浓重的政治色彩。　　21.×　"岗位责任制的管理理念"起源于1962年大庆油田的一次火灾事故。　　22.√　23.×　中国石油的企业标识，为十等分的花瓣图形，象征多种石油业务的集合。　　24.√　25.√　26.×　大庆石油会战，仅用了3年时间，就组建了年产600万吨的大油田，从此实现了中国石油工业的历史性转折。　　27.×　1963年，周恩来总理在第二届全国人大第四次会议上宣告：我国需要的石油，已经可以基本自足，中国人民使用"洋油"的时代，即将一去不复返。　　28.√　29.×　玉门油田作为我国石油工业的摇篮，早在20世纪50年代，就形成了独特的企业精神。　　30.×　20世纪80年代中期至今，是我国石油工业稳定发展的时期。

四、简答题

1. 答：（1）到1959年，玉门油矿已建成一个包括地质、钻井、开发、炼油、机械、科研、教育等在内的初具规模的石油天然气工业基地，当年生产原油140.5万吨，占全国原油产量的一半。（2）玉门油田在开发建设中取得的丰富经验，为当时和以后全国石油工业的发展，提供了重要借鉴。（3）他们立足发展自己，放眼全国，哪里有石油就到哪里去战斗，形成了著名的玉门风格，为石油工业的发展立下了不可磨灭的功绩。

2. 答：（1）石油精神。石油精神以大庆精神铁人精神为主体，是对石油战线企业精神及优良传统的高度概括和凝练升华，是我国石油队伍精神风貌的集中体现，是历代石油人对人类精神文明的杰出贡献，是石油石化企业的政治优势和文化软实力。其核心是"苦干实干""三老四严"。（2）大庆精神。其基本内涵是：为国争光、为民族争气的爱国主义精神；独立自主、自力更生的艰苦创业精神；讲究科学、"三老四严"的求实精神；胸怀全局、为国分忧的奉献精神，凝练为"爱国、创业、求实、奉献"。（3）铁人精神。其主要内涵是："为国分忧，为民族争气"的爱国主义精神；"宁肯少活二十年，拼命也要拿下大油田"的忘我拼搏精神；"有条件要上，没有条件创造条件也要上"的艰苦奋斗精神；"干工作要经得起子孙万代检查""为革命练一身硬功夫、真本事"的科学求实精神；"甘愿为党和人民当一辈子老黄牛"、埋头苦干的无私奉献精神。

3. 答：（1）军队文化；（2）政治文化；（3）会战文化；（4）榜样文化；（5）开拓进取文化。

4. 答：（1）岗位责任制；（2）交接班制；（3）巡回检查制；（4）设备维修保养制；（5）水质化验质量负责制；（6）岗位练兵制；（7）安全生产制；（8）班组经济核算制。

5. 答：（1）涌现出了"新时期铁人"王启民、"铁人式的好工人"王为民、"铁人式的共产党员"王光荣、"中国青年的榜样"秦文贵等在全国有重大影响的典型人物；（2）大庆1205钻井队、塔里木塔中作业区等为代表的典型集体。

6. 答：（1）第一时期是以自力更生、艰苦奋斗的铁人精神为代表的企业文化；（2）第二时期是改革开放后的20多年的阶段，是价值观念调整阶段；（3）第三时期是在21世纪，中国石油逐渐跻身于世界一流企业的行列。

7. 答：（1）中国石油天然气集团公司；（2）中国石油化工集团公司；（3）中国海洋石油总公司。

8. 答：1963年，我国开辟了渤海湾盆地石油勘探新区，也是采用了石油大会战的办法，仅用两年多的时间，相继发现并开发了山东胜利、天津大港两个油田，迅速形成了新的石油工业基地。

9. 答：新中国成立以前我国石油工业发展极其缓慢，仅发现陕北延长、甘肃玉门、新疆独山子、台湾苗栗等四个油田，以及四川圣灯山、陕西石油沟、台湾锦水和竹东等七个小气田，累计探明石油储量不到0.3亿吨，探明天然气地质储量不到4亿立方米。1949年的石油产量仅为12万吨，全国性的油气资源勘探还未开始，石油工业的基础十分薄弱。

10. 答：中国石油天然气集团有限公司（简称"中国石油"，英文缩写：CNPC）是国有重要骨干企业和全球主要的油气生产商和供应商之一，是集国内外油气勘探开发和新能源、炼化销售和新材料、支持和服务、资本和金融等业务于一体的综合性国际能源公司，在国内油气勘探开发中占据主导地位，在全球35个国家和地区开展油气投资业务。

第二章 班组长的角色认知与素质要求试题答案

一、单项选择题

1. B 2. C 3. B 4. C 5. D 6. B 7. A 8. D 9. D 10. A 11. D 12. C 13. B 14. B
15. C 16. D 17. D 18. D 19. B 20. C 21. C 22. A 23. D 24. B 25. A 26. A 27. D
28. B 29. D 30. D 31. D 32. A 33. C 34. D 35. B 36. C 37. D 38. C 39. C 40. A
41. C 42. A 43. A 44. A 45. D 46. C 47. C 48. B 49. D 50. D 51. D 52. A 53. B
54. D 55. C 56. A 57. A 58. D 59. A 60. D

二、多项选择题

1. ABC 2. BCD 3. ABC 4. ABC 5. BCD 6. ABCD 7. ACD 8. ABC 9. ABD 10. ABC
11. ABC 12. BCD 13. ABCD 14. ABCD 15. ABCD 16. ABC 17. ABC 18. ABCD
19. ABCD 20. ABCD 21. ABD 22. ABC 23. ABCD 24. ABD 25. ABCD 26. ABCD
27. ABC 28. ABCD 29. ABCD 30. ABC 31. ABD 32. ABD 33. ABD 34. ABC 35. BD
36. ABC 37. AB 38. AB 39. ABD 40. BC

三、判断题

1. × 在油气田企业中，比较常见的一种组织结构形式是直线职能制。 2. × 油气田企业是主营原油和天然气勘探、开发的营利性组织。 3. × 在油气田企业中，"现场为中心"的管理模式，"现场"位于组织内的顶端。 4. × 班组是油气田企业管理中各项制度落实、流程实施和目标实现的最小执行单位。 5. × 班组长的成功，主要是依靠自身的专业知识和技术能力，以及个人的付出和努力的程度，与班组员工的工作关系分不开。 6. √
7. × 班组长要学会关心员工，但这种关心不能破坏单位的规章制度，要让员工尊重你，而不是喜欢你。　8.√　9.× 从企业经营的目标与核心来看，班组是企业实现盈利的核心。　10.√　11.× 在班组长的角色定位中，对上，班组长是上级主管的助手和任务的执行者。　12.√　13.× 同级的班组长之间不可避免地存在着竞争，这有利于团队的整体业绩。　14.× 班组长对于来自员工的牢骚语言和不满情绪，应该把牢骚和不满转化为合理化建议。　15.× 员工一旦被提拔到管理岗位，就需要善于发掘自己在管理能力方面的短板。　16.√　17.√　18.√　19.× 班组长如果和员工遇事斤斤计较，可能会影响工作，不能激发员工的积极性和创造力。　20.× 在班组长的能力方面，员工辅导能力属于管事的能力。　21.× 班组内员工的需求是有差异的，因此，应该针对不同的员工采取不同的激励措施。　22.× 班组长拥有组织赋予的岗位权力，但不可以运用这种权力去强制员工服从自己的管理。　23.√　24.√　25.× 作为班组长，要试着把自己喜欢做、擅长做的事情交给员工去做，这样可以锻炼员工。　26.× 班组长必须具备的能力素质包括自我管理能力、组织协调能力、解决问题能力、沟通表达能力等，也包括在思想上、工作上表现出来的态度和行为。　27.× 在班组长的基本素质中，德与才是辩证统一的，但又有主次之分，相对于才而言，德更为重要。　28.× 作为班组长，最重要的工作是抓好生产，完成上级领导交给的产量任务，同时也必须留意员工的情绪　29.× 班组长走上管理岗位后，必须注重提高自己的专业技术能力，同时也应该着重提高自己的管理能力。　30.× 在生产现场经常会出现一些突发情况，这就要求班组长在平时要建立问题防范体系，尽力消除诱因的出现，在问题出现后，要迅速反应，马上行动。

四、简答题

1.答：（1）围绕生产现场实行现场的标准化管理；（2）负责企业各项制度的建设；（3）从事班组团队建设；（4）辅助上级工作以及横向之间的协作。

2.答：（1）民意代表，代表自己部门的员工向上级领导反映不一致的意见；（2）向上错位，替主管领导考虑决策的正确性；（3）自由人，不注意场合随意发表不利于公司发展的言论；（4）职能错位，与以前一样习惯于做技术方面的工作，而不是管理方面；（5）领主、官僚，在班组里，凡事我一人说了算，以势压人。

3.答：（1）良好的道德品质；（2）宽容大度的胸怀；（3）稳定而乐观的情绪；（4）强健的体质和充沛的精力。

4.答：（1）专业技术能力；（2）目标管理能力；（3）问题解决能力；（4）员工辅导能力。

5.答：（1）第一类是突发问题，在问题出现后，班组长要迅速反应，马上行动；（2）第二类问题是多发、频发问题，这类问题需要班组长转换思维方式，调动成员的主动性和积极性，群策群力，找到解决问题的办法。

6.答：（1）容得下人，容得下与自己意见不同的人，甚至反对过自己而又被事实证明是反对错了的人，容得下有缺点的人；（2）听得进言，善于听进不同的意见，容得下逆耳之言和批评之言。

7.答：（1）角色认知是指角色扮演者对社会地位、作用及行为规范的实际认识和对社会其他角色关系的认识。（2）任何一种角色行为只有在角色认识十分清晰的情况下，才能使角色很好地扮演。(3)角色认识包括两个方面，一是对角色规范的认知，二是对角色评价的认知。

8. 答：（1）有效的激励会点燃员工的激情；（2）促使员工的工作动机更加强烈，让他们产生超越自我和他人的愿望，并将潜在的巨大内驱力释放出来，为企业的远景奉献自己的热情；（3）有效的激励可以变"要我去做"为"我要去做"，更能使员工体会到自己的重要性和工作的成就感。

9. 答：（1）每一位班组长在职责范围内必然会与其他班组长的职责范围产生联系，相互之间有良好的配合，才能有助于彼此目标的实现。（2）同时，处于同一层次的班组长，向上晋升的空间很大，相比之下，谁的业绩更好，谁向上的可能性会更大。（3）因此，同级的班组长之间既有合作，又有竞争，适度良性的竞争，有利于彼此的进步和各自团队的建设。

10. 答：（1）能力素质就是个人所具有的一些潜在特质，而这些潜在特质是与其在工作或职位上的绩效表现相关的，同时也可依此来预期，反映其行为及绩效表现的好坏，例如动机、特质、技能、自我形象、社会角色等，这些因素在工作中会导致有效或杰出的绩效表现。（2）能力素质包括人们在思想、知识、才能等方面具备的基本条件及在思想上、工作上表现出来的态度和行为。

第三章 班组团队建设试题答案

一、单项选择题

1．C 2．B 3．C 4．A 5．A 6．A 7．B 8．B 9．B 10．D 11．D 12．A 13．A 14．D 15．D 16．A 17．D 18．D 19．B 20．A 21．B 22．C 23．A 24．C 25．D 26．D 27．D 28．D 29．A 30．D 31．C 32．D 33．D 34．D 35．A 36．B 37．A 38．C 39．D 40．A 41．F 42．D 43．C 44．D 45．C 46．D 47．C 48．D 49．B 50．D 51．B 52．D 53．C 54．B 55．A 56．A 57．D 58．C 59．B 60．A

二、多项选择题

1．BCD 2．ABCD 3．ABCD 4．BCD 5．ABC 6．ACD 7．ABD 8．BCD 9．ABC 10．BCD 11．ACD 12．ACD 13．ABC 14．ABD 15．ABCD 16．ABCD 17．ABCD 18．BCD 19．ABC 20．ABC 21．ABCD 22．ABD 23．BCD 24．ABC 25．ABCD 26．ABCD 27．ABCD 28．AB 29．ABCD 30．AB 31．CD 32．ABC 33．AB 34．ABC 35．ABC 36．ABCD 37．AB 38．BCD 39．ABCD 40．AB

三、判断题

1．√ 2．× 组织的构成要素是人，组织的基本要素是共同目标，组织的前提要素是结构，组织的载体要素是管理。 3．× 班组长选拔采取排序优选、竞聘、公推直选等方式。 4．√ 5．× 党工团工作是以党建为核心，以工团为平台和载体，形成的以关心帮助员工成长、成才，构建团队和谐氛围为基础的组织体系。 6．√ 7．√ 8．× 班组队伍建设的目的在于营造团结向上的班组氛围，打造有战斗力、有凝聚力的工作集体。 9．× 思想教育是政治工作的重要组成部分，它是依据人们思想和行为变化的规律，用先进的理论教育人、说服人，使之转变思想和行为，提高思想素质的实践活动。 10.× 思想教育的基本任务在于引导和调动班组成员的主观能动性和工作积极性，使班组成员团结协作，均衡有效进行生产管理。 11.√ 12.× 绩效管理是一种针对员工的科学的评议考核指标体系，它强调组织目标和个人目标的一致性，强调组织和个人同步成长。 13.× 绩效考核方式按考评时间分类，可分为日常考评与定期考评。 14.√ 15.√ 16.√ 17.√ 18.× 班组员工的执行力建设，目的是要促进执行工作到位、落实生产指令到位、精细管理到位。 19.× 团队不同于群体，而是一群志同道合的伙伴互相协作、彼此鼓励，直至实现共赢。 20.√ 21.× 团队的整体绩效要大于团队各个成员个人绩效之和，这是团队的基本特征，也是团队存在的原因与结果。 22.× 个人可以不完美，但团队可以完美。 23.√ 24.√ 25.√ 26.√ 27.× 班组长必须在员工的个人目标与班组的集体目标之间找到一个平衡点，形成团队的目标。 28.× 领导者想要与下属之间保持亲和力，就需要坦诚，但并不需要把所有的事情都告知下属。 29.√ 30.√

四、简答题

1. 答：（1）参与或召开支部党员大会、党小组会；（2）协助党支部、党小组开展党内各项活动；（3）加强党员的教育和管理。

2. 答：（1）开展的合理化建议、"五小成果"等活动，提升班组技术创新能力；（2）通过不断建立健全职工书屋，配发文体用品、健身器材，以及开展群众性文化体育活动，活跃和丰富员工精神文化生活；（3）结合生产实际，组织开展青年志愿者、青年突击队、QC活动小组等青字品牌活动，引导班组成员培养积极向上的人生观、价值观；（4）通过开展岗位练兵、技术攻关活动，以及组织班组成员参加各类技能比赛等方式，全面提升班组员工的综合素质；（5）组织班组成员依法参与企业民主决策、民主管理、民主监督等工作，履行员工的合法权益。

3. 答：（1）团队成员的通力合作可以提高组织效率；（2）团队的协同合作有利于资源共享；（3）提高决策能力。

4. 答：（1）共同目标；（2）成员间相互依赖、默契关心；（3）强烈的责任心；（4）良好的沟通；（5）出色的领导；（6）和谐的氛围。

5. 答：（1）成立期；（2）动荡期；（3）规范期；（4）高产期；（5）哀痛期。

6. 答：（1）用精神指引，加强班组文化建设；（2）凭氛围感染，加强班组组织建设；（3）借制度规范，加强班组制度建设；（4）让目标引航，加强班组业务建设。

7. 答：（1）要领导者以身作则；（2）要建章立制；（3）要摆正班组长的位置，认识你自己；（4）要学会尊重他人，正确处理好人际关系。

8. 答：（1）"4"即开好四个会，每天一次班前会、每周一次班务会、每月一次民主生活会、每轮班一次交接会；（2）"3"即设立三大员，资料管理员、设备管理员、HSE监督员，均由本班组员工轮流担任；（3）"1"即写好一本日志；（4）"1"即设置一块提示板。

9. 答：（1）班组成员成为管理的主体，不靠检查，不靠监督，自觉按照标准干，跟着程序走；(2) 班组成员能够尽职尽责，管好自己应该管的事，运用现代化的科学技术手段，各尽所能，对自己岗位的生产要素进行优化控制；(3) 班组成员有效发挥潜能，不断创新管理理念、手段和方法，达到"满足人的愿望，挖掘人的潜能，促进人的发展，实现人的价值"的目标；(4) 促使班组各项工作步入有机协调、有章可循、结构合理、运转高效的良性循环阶段。

10. 答：(1) 班组制度建设的特点是权威性、约束性、针对性、实用性、可操作性；(2) 制度建设的内容涵盖班组工作的方方面面，主要包括岗位责任、安全生产、绩效考核、民主评议、学习培训、班务管理等方面内容。

第四章　班组有效沟通试题答案

一、单项选择题

1．A　2．A　3．A　4．A　5．D　6．A　7．A　8．B　9．A　10．A　11．A　12．C　13．D　14．A　15．B　16．A　17．B　18．A　19．B　20．C　21．A　22．C　23．D　24．C　25．D　26．C　27．B　28．A　29．D　30．C　31．A　32．A　33．B　34．C　35．D　36．A　37．B　38．C　39．A　40．C　41．A　42．C　43．B　44．A　45．A　46．C　47．D　48．A　49．B　50．A　51．D　52．C　53．B　54．A　55．B　56．D　57．A　58．C　59．A　60．A

二、多项选择题

1．AB　2．ABC　3．ABCD　4．ABCD　5．AB　6．ABCD　7．AB　8．ABC　9．ABC　10．AB　11．ABCD　12．ABCD　13．BCD　14．ABCD　15．CD　16．ABC　17．BC　18．ABC　19．CD　20．AB　21．ABC　22．BCD　23．BCD　24．ABCD　25．ABCD　26．ABC　27．ABCD　28．ABC　29．AB　30．AB　31．ACD　32．ABCD　33．ABC　34．AB　35．CD　36．AB　37．ABC　38．BCD　39．ABC　40．ABC

三、判断题

1．√　2．√　3．×　班组有效沟通可以消除员工间的疑惑、化解存在的问题、统一思想认识、合理利用资源、提高班组的凝聚力和战斗力，从而高质高效推动企业顺利发展。　4．×　沟通的目的不在于沟通本身，而在于沟通的结果。　5．√　6．×　沟通不仅仅追求被人理解，也追求理解别人，保证实现双方的合作共赢。　7．√　8．√　9．×　听话听音，也就是说，对方讲话时不要打断，不要冷漠，不要漫不经心，要有绝对耐性，不随便插话。　10．×　沟通可以获得更多的机会与资源，减少犯错误的机会和摸索的时间，得到更多人的支持协助与认可，增强个人影响力，自然你的成功时间也会大大地缩短。　11．√　12．√　13．√　14．×　俗话说："三个女人一台戏。"特别是朝夕相处涉及个人利益的事更难解决。因此，作为女子班组的头，沟通协调能力是十分重要的。　15．×　沟通需要提问时要尽量少问为什么，少问带引导性的问题和一次问多个问题，这样对方很难接受，达不到沟通的目的。　16．√　17．√　18．√　19．√　20．×　沟通结束时既要让沟通对象深思，又要引导对方陈述问题的态度与方向。一般来说，要切中主题、稳健、中肯，避免下绝对性的结论。 21. × 在沟通中遇到异议时，首先要了解对方的某些观点，然后找出对你有利的观点，不是要强行说服对方，而是用对方的观点去说服对方。 22. √ 23. × 礼仪是一个人综合素质的外在表现，是人际交往的艺术，也是人际沟通的技巧。具体表现为礼貌、礼节、仪表、仪式等。 24. √ 25. √ 26. √ 27. √ 28. × 机会是留给有准备的人的，隐藏在细节之中，你做好了这些细节，未必能够遇到平步青云的机会；但如果你不做，你就永远也不会有这样的机会。 29. × 平日里班组会面临一些迎检工作，如果在待人接物时着装不妥、礼数不周、说话不注意分寸，难免会带来一些不必要的麻烦，同时对班组工作的开展也会有或多或少的影响。 30. × 握手时，要注视对方，不要旁顾他人他物。用力要适度，切忌手脏、手湿、手凉和用力过大。与异性握手时用力轻、时间短，不可长时间握手和紧握手。掌心向上，以示谦虚和尊重，切忌掌心向下。

四、简答题

1. 答：（1）事先准备；（2）确认需求；（3）阐述观点；（4）处理异议；（5）达成协议。

2. 答：（1）能减少意外损失；（2）获得机会与资源；（3）调节员工的矛盾。

3. 答：（1）信息发出者的障碍；（2）信息接收者的障碍；（3）沟通渠道的障碍。

4. 答：根据不同的标准，沟通可以分为不同的类型。例如：（1）正式沟通与非正式沟通；（2）下行沟通、上行沟通与平行沟通；（3）书面沟通与口头沟通；（4）单向沟通与双向沟通；（5）言语沟通与非言语沟通。

5. 答：（1）沟通的功能；（2）协调的功能；（3）维护的功能；（4）教育的功能。

6. 答：（1）坐立行规范；（2）面带微笑；（3）眼神适宜；（4）语言温婉；（5）举止得体。

7. 答：一般遵循将"卑者"介绍给"尊者"的原则，即（1）先把地位低者介绍给地位高者；（2）若难以判断，可把年轻的介绍给年长的；（3）在自己公司和其他公司的关系上，可把本公司的人介绍给别的公司的人；（4）男女间的介绍，应先把男性介绍给女性；（5）男女地位、年龄有很大差别时，若女性年轻，可先把女性介绍给男性；（6）将主人介绍给客人；（7）将本国人介绍给外国人。

8. 答：（1）握手时，手要洁净、干燥和温暖；（2）先问候再握手；（3）伸出右手，手掌呈垂直状态，五指并用，握手3秒左右；（4）不要用左手握手；（5）与多人握手时，遵循先尊后卑、先长后幼、先女后男的原则；（6）若戴手套，先脱手套再握手，切忌戴着手套握手或握完手后擦手；（7）握手时注视对方，不要旁顾他人他物；（8）用力要适度，切忌手脏、手湿、手凉和用力过大；（9）与异性握手时用力轻、时间短，不可长时间握手和紧握手；（10）掌心向上，以示谦虚和尊重，切忌掌心向下。

9. 答：（1）行鞠躬礼时面对客人；（2）并拢双脚；（3）视线由对方脸上落至自己的脚前1.5米处（15°礼）或脚前1米处（30°礼）。

10. 答：（1）了解上级意图；（2）能承担自己的职责；（3）寻求领导反馈；（4）同领导风格相匹配。

117

第五章　班组激励试题答案

一、单项选择题

1. B 2. A 3. B 4. C 5. D 6. D 7. D 8. D 9. B 10. B 11. C 12. D 13. C 14. D
15. C 16. C 17. C 18. C 19. D 20. D 21. A 22. D 23. D 24. B 25. A 26. C 27. C
28. C 29. D 30. C 31. B 32. B 33. C 34. C 35. B 36. A 37. D 38. A 39. B 40. C
41. C 42. D 43. C 44. D 45. C 46. A 47. C 48. D 49. C 50. B 51. D 52. C 53. A
54. D 55. A 56. A 57. D 58. C 59. D 60. D

二、多项选择题

1. BC 2. AC 3. ABC 4. AC 5. ABD 6. ABD 7. BC 8. ABC 9. ABCD 10. ABC
11. ABCD 12. CD 13. ABCD 14. AC 15. ABCD 16. AB 17. AB 18. AB 19. BD 20. AB
21. CD 22. CD 23. AD 24. BC 25. ABCD 26. ABD 27. ABC 28. ACD 29. ABCD
30. ABCD 31. AD 32. BCD 33. AD 34. BCD 35. ACD 36. ABC 37. BD 38. AD
39. ABCD 40. AD

三、判断题

1. × 马斯洛认为人们需求满足不一定都是从低到高的过程。 2. × 研究发现，良好的激励环境中员工效率比缺乏激励的组织环境中增加了3~4倍，所以，在企业班组管理中，所有的员工都需要被激励。 3. × 所谓"目标激励"也称为愿景激励，是指领导者为激励对象设置美好远景，使其努力奋斗。 4. × 所有人都有与生俱来的自我激励的能力，但它并不适合所有人，也不能作为一种日常激励方式。 5. × 期望理论的员工判断依据是员工个人的感觉，与实际情况无关。期望理论的假设是管理者知道什么对员工最有吸引力。 6. √ 7. √ 8. √ 9. × 为员工提供美味的工作餐和送健身器材都属于福利激励。 10. √ 11. √ 12. √ 13. √ 14. × 强化理论认为：结果是行为的函数。 15. √ 16. × 许多企业都在公司员工的衣服上贴有公司名称、职位等标签，其目的是激发员工归属感。 17. × 平均主义的"大锅饭"做法，无法真正调动大家的积极性。 18. × 班组激励误区是指班组长对班组成员实施行为的过程中，致使员工动作失常、行为扭曲、动力反向，从而导致激励失效或效率弱化的思想认识偏差。 19. √ 20. √ 21. √ 22. √ 23. × 重视员工的需要也体现"以人为本"的管理思想。班组长应该采取一些科学的调查手段，不能仅仅限于谈心、观察等经验性手段。 24. √ 25. √ 26. √ 27. √ 28. × 承认人在生产中的决定性作用，必须依靠人。依靠人的基础是相信人。 29. √ 30. √

四、简答题

1. 答：（1）激励可以促进组织目标的实现；（2）激励可以提高员工素质和工作绩效；（3）激励有助于形成良好的集体观念与社会影响。

2. 答：（1）以人为中心；（2）需求是动态的；（3）对象是差异的；（4）能力是有

限的。

3. 答：(1) 组织目标的设置与满足员工的需要应尽量保持一致；(2) 激励方案的可变性；(3) 激励要因人而异；(4) 理顺个体与群体的关系；(5) 掌握好激励的时间和力度。

4. 答：(1) 马斯洛的需要层次理论；(2) 赫兹伯格的双因素理论；(3) 佛隆的期望理论；(4) 亚当斯的公平理论。

5. 答：(1) 了解需要；(2) 情况分析；(3) 利益兼顾；(4) 目标协调。

6. 答：(1) 激励就是奖励；(2) 把同样的激励手段用于所有的员工；(3) 希望照顾到每个员工的平均主义；(4) 只要能满足员工的需要就能有效激励员工；(5) 激励必须绝对公平；(6) 只注重物质奖励。

7. 答：(1) 依靠人；(2) 关心人；(3) 教育人；(4) 培养人。

8. 答：(1) 物质激励和精神激励的技巧；(2) 正激励与负激励的技巧；(3) 内激励与外激励的技巧；(4) 因人而异激励的技巧；(5) 因时而异激励的技巧。

9. 答：马斯洛的需求层次理论提出，人的需求分为五个层级：(1) 第一个层级是基本的生理需要；(2) 第二个层级是安全需要；(3) 第三个层级是归属与爱的需要，或者称为社会交往的需要；(4) 第四个层级是尊重与审美的需要；(5) 第五个层级是自我实现的需要。

10. 答：(1) 运用工资奖金福利等手段进行激励；(2) 运用目标管理的方法进行激励；(3) 运用员工的成就感进行激励；(4) 运用企业团队精神进行激励。

第六章　班组执行力试题答案

一、单项选择题

1. C　2. B　3. C　4. A　5. B　6. D　7. B　8. D　9. D　10. C　11. A　12. B　13. C　14. B
15. B　16. C　17. C　18. C　19. C　20. B　21. D　22. B　23. C　24. B　25. C　26. A　27. D
28. C　29. C　30. B　31. C　32. D　33. C　34. D　35. C　36. C　37. D　38. C　39. B　40. D
41. C　42. B　43. B　44. C　45. C　46. D　47. D　48. C　49. D　50. C　51. D　52. C　53. C
54. C　55. D　56. C　57. D　58. B　59. D　60. D

二、多项选择题

1. ABD　2. CD　3. AB　4. CD　5. AB　6. BD　7. BC　8. CD　9. CD　10. BCD　11. BCD
12. BC　13. CD　14. CD　15. ABC　16. ABC　17. BC　18. BC　19. AD　20. CD　21. BD
22. CD　23. CD　24. BC　25. BC　26. BD　27. BD　28. CD　29. BC　30. BC　31. CD　32. BC
33. CD　34. CD　35. BCD　36. BCD　37. CD　38. BCD　39. BD　40. BCD

三、判断题

1. √　2. √　3. ×　在企业中，对班组执行力的要求不仅仅是完成工作任务，而是高质量高效率地完成任务。　4. √　5. √　6. √　7. √　8. ×　班组执行力的构成要素，主要包括三个方面，即执行动力、执行能力和执行保障。　9. ×　员工的执行动力来自对企业，尤其是企业的管理者的判断。 10.× 企业班组的执行能力包括人员的素质与技能，无论是班组长还是班组成员，都需要不断丰富自己的知识和提升自己的技能。 11.× 在企业中，员工执行好与不好，落实到位还是不到位，是需要制度来提供保障的。 12.√ 13.√ 14.× 企业的目的是获取经济利益，只有获利的企业才能生存。员工所有的行动都必须围绕着这个原则。 15.× 一个企业要从根本上提升执行力，必须对人力资源进行开发，要重视对员工的培训。 16.√ 17.× 在班组中，班组长是带头人，需要身体力行，给广大员工做一个表率，同时也要善于指挥别人做事，会执行的管理者不是凡事自己做，而是善于指挥和激励别人。 18.√ 19.× 制定科学合理的目标要遵守以下五个原则：明确、可量化、可执行、符合实际、有时限。 20.√ 21.× 对于一个班组来说，员工的技术水平参差不齐，为提高队伍的整体素质，应该加强对员工的培训，制定科学合理的培训方案及培训考核计划，不仅要加强对白班人员的培训，还要加强对夜班员工的教育培训力度。 22.√ 23.√ 24.√ 25.× 对于企业来说，重要的三个核心流程分别是人员流程、战略流程和运营流程。在这三个流程里面，最重要的就是人员流程，就是如何用正确的人做事，因为战略流程和运营流程都是人的要素决定的。 26.× 制度的制定是让员工有约束自己行为的准则，它能否产生效用的关键在于落实。 27.√ 28.√ 29.× 企业执行文化的构建需要企业管理者的大力倡导和员工的支持，构建强有力的执行文化，必须与企业的实际相结合。 30.√

四、简答题

1. 答：（1）高效执行力是实现班组最终目标的保证；（2）高效执行力是贯彻落实决策部署的保证；（3）高效执行力是提升班组工作效率的保证。

2. 答：（1）执行力的动力源泉——工作态度；（2）执行力的能力基础——知识技能；（3）执行力的落实保障——制度保障。

3. 答：（1）班组执行不力有很多种表现，在企业中存在比较广泛的有三种：消极执行、形式执行和低效执行。（2）班组执行不力的原因很多，常见的有工作责任不明确、工作态度不积极、素质技能不过关、人员分配不合理、工作流程不完善、沟通渠道不畅通、制度不执行、奖惩激励不规范。

4. 答：（1）利益原则；（2）20/80 的聚焦原则；（3）开发原则；（4）分层原则；（5）事实与数据原则；（6）杠杆原则。

5. 答：（1）实施目标管理，明确工作职责；（2）端正工作态度，积极主动工作；（3）加强技能培养，提高技能水平；（4）科学组织分工，激发员工潜能；（5）改善工作流程，提高执行效能；（6）畅通沟通渠道，实现有效沟通；（7）健全规章制度，完善奖惩机制；（8）构建执行文化，营造敬业氛围。

6. 答：（1）制定目标的原则；（2）学会分解目标；（3）确定关键目标；（4）及时调整目标；（5）制定工作计划；（6）明确工作职责。

7. 答：（1）加强员工政治思想教育；（2）实行民主集中；（3）要以身作则。

8. 答：（1）内部培训；（2）技能竞赛；（3）职工大讲堂；（4）外出学习；（5）岗位练兵。

9. 答：（1）了解员工；（2）分配员工；（3）注重内部员工的提升。

10. 答：（1）执行前，有目标有计划；（2）执行中，有组织有控制；（3）执行后，有评估有反馈。

第七章　压力管理试题答案

一、单项选择题

1. C　2. D　3. B　4. A　5. D　6. C　7. D　8. D　9. D　10. D　11. C　12. A　13. C　14. C
15. C　16. B　17. B　18. C　19. A　20. B　21. C　22. A　23. C　24. C　25. A　26. B　27. D
28. A　29. B　30. A　31. C　32. B　33. D　34. A　35. D　36. D　37. D　38. D　39. A　40. D
41. C　42. A　43. A　44. A　45. D　46. D　47. A　48. B　49. D　50. B　51. B　52. A　53. D
54. B　55. D　56. D　57. D　58. B　59. D　60. D

二、多项选择题

1．ABC　2．ABC　3．ABCD　4．ABCD　5．ABC　6．ABD　7．ABCD　8．ABCD　9．ABCD
10．ABCD　11．ABD　12．ABD　13．AD　14．ABCD　15．ABCD　16．ABCD　17．ABC　18．ABCD
19．BCD　20．ABC　21．ABD　22．ABCD　23．ABCD　24．ABC　25．ABCD　26．ABCD　27．AD
28．ABD　29．ABC　30．ABCD　31．ABCD　32．ABCD　33．ACD　34．BCD　35．AB　36．ABC
37．AB　38．ABC　39．ABCD　40．ABC

三、判断题

1．×　如果缺乏对事情的控制感，就会产生压力。　2．√　3．√　4．√　5．×　人面对压力时，即使采取应对措施，也不一定会对压力会产生正向效果。　6．×　工作中即使没有压力，也会对工作的效果产生一定的影响。　7．×　一个人对压力、挫折的耐受力越高，则他感受到的压力不会更高。　8．×　经常关注压力事件可使人增加压力感。　9．√　10．√　11．×　没事做、不做事并不能避免压力的产生，所谓无事生非就是这个道理。　12．√　13．√　14．×　通过倾诉的方式能够有效地帮助我们缓解压力，但是倾诉要看对象，避免负面的语言对他人的伤害。　15．√　16．×　生活中，造成我们压力比较大的原因往往不是刺激本身，而是我们的想法。　17．√　18．√　19．√　20．√　21．×　喝酒并不是一种效果不错的减压方式，举杯消愁愁更愁。　22．×　男女两性处理压力的方式是不同的，男性倾向于通过独处的时间和空间来缓解压力，女性倾向于直接释放情绪。　23．√　24．√　25．√　26．√　27．×　从根本上来说，所有的压力都来自人类本身，而不来自外界。　28．√　29．√　30．√

四、简答题

1. 答：（1）生产过程及方式的特殊性；（2）产品的危险性；（3）工作的艰苦性。
2. 答：（1）野外环境；（2）嘈杂环境；（3）污染多发环境；（4）不同人文环境。
3. 答：（1）上产工作异常繁重；（2）考核评价和工作环境的压力；（3）安全责任的压

力；（4）夫妻家庭关系紧张；（5）子女教育缺失；（6）工作地点偏远；（7）薪酬待遇存在差异。

4. 答：（1）正面影响：俗话说有压力才有动力，正确地对待压力，就会把压力转化成动力；（2）负面影响：压力过大的影响会在人的心理、生理、行为等方面反映出来。

5. 答：（1）降低工作效率；（2）产生安全隐患；（3）影响团队和谐；（4）阻碍企业发展。

6. 答：（1）身体信号；（2）心理信号；（3）行为信号。

7. 答：（1）普及心理保健知识；（2）优化工作环境，完善员工福利制度；（3）加强员工心理健康方面的培训；（4）开辟员工心理诉求渠道；（5）积极鼓励员工养成良好的、健康的生活方式。

8. 答：（1）解决产生压力问题的根源；（2）进行心态调节；（3）学会自我解压；（4）学会适度宣泄；（5）以健康的生活方式减缓压力。

9. 答：（1）活动释放法；（2）音乐调适法。

10. 答：（1）找人倾诉；（2）自我宣泄；（3）高级宣泄。

第八章 班组生产管理试题答案

一、单项选择题

1. B 2. C 3. B 4. D 5. D 6. B 7. B 8. C 9. C 10. C 11. C 12. B 13. A 14. C
15. D 16. B 17. C 18. C 19. A 20. C 21. B 22. D 23. A 24. A 25. D 26. D 27. A
28. A 29. A 30. D 31. D 32. D 33. A 34. D 35. D 36. D 37. D 38. D 39. D 40. A
41. B 42. D 43. C 44. D 45. D 46. D 47. D 48. D 49. A 50. D 51. C 52. C 53. A
54. C 55. D 56. A 57. A 58. B 59. C 60. D

二、多项选择题

1. BC 2. CD 3. BC 4. CD 5. BD 6. AB 7. BD 8. AB 9. BCD 10. CD 11. AD 12. AD
13. AD 14. AD 15. AC 16. AC 17. CD 18. AD 19. ABCD 20. BD 21. CD 22. AD
23. CD 24. BD 25. BC 26. BD 27. BD 28. BD 29. CD 30. AD 31. CD 32. AC 33. CD
34. AC 35. AC 36. BD 37. ACD 38. ACD 39. BCD 40. AC

三、判断题

1. √ 2. √ 3. × 班组生产运行管理五大目标中，高效指的是按计划开展生产活动，按时高质量完成生产任务。 4. √ 5. √ 6. √ 7. √ 8. × 采油班组生产运行的主要特点是散、单、全、细、险。 9. × 班组长是班组生产的组织者、操作者和监督者，负责厂矿有关安全及生产指示的落实，并对班组安全生产工作负有全面责任。 10. × 仪器仪表，在规定量程中使用并定期校对，保证录取的数据准确可靠。 11. × 班组员工随身携带巡回检查所用工具和巡回检查记录本及笔，将巡检情况填入巡回检查记录本，发现问题及时解决或汇报。 12. √ 13. √ 14. × 生产临时性异常管理一般有两种情况，即生产突发性异常管理和暂闭生产井管理。 15. × 生产突发的一般问题通常是由班组长组织相应岗位班组成员自己处置,需要其他班组或外来施工作业的,按矿队生产管理规定积极配合处置。 16. √ 17. × 生产临时性异常管理主要是以本单位的"生产岗位应急处置程序"为指导进行管理。 18. √ 19. × 设备维修保养可以概括为"清洗、紧固、润滑、调整"八个字。 20. √ 21. × 设备的维修保养在生产运行中又分为例行保养、一级保养和二级保养三个级别。 22. √ 23. √ 24. √ 25. × 在设备管理中,采油班组人员要做到"四懂四会",四懂指的是懂原理、懂结构、懂性能、懂用途。 26. × 在设备管理中,采油班组人员要做到"四懂四会",其中四会指的是会操作、会保养、会检查、会除障。 27. √ 28. √ 29. × 在三直三现现场管理方法中,三直具体指的是直接现场、直接现物、直接现象。 30. √

四、简答题

1. 答:采油班组长在生产管理运行中起着关键作用,要做好生产运行管理工作,总体上讲有三个方面:(1) 班组生产客观规律特性的把握和利用;(2) 班组成员主观能动性的调动和发挥;(3) 班组外部资源的争取和借用。

2. 答:(1) 班组生产基本状况的掌握;(2) 班组各岗位间生产过程的把握;(3) 班组成员素质和工作能力的把握;(4) 矿队生产管理规章制度的理解、运用水平。

3. 答:(1) 设备管理;(2) 仪器仪表管理;(3) 电气电动机管理;(4) 地面设施及井场管理;(5) 安全环保管理;(6) 巡回检查。

4. 答:生产运行异常管理主要是指两类情况:(1) 正常生产运行时,由于临时性或突发的问题必须停产处理,这一很短期间的管理称为生产临时性异常管理;(2) 油水井因其井身结构异常、地质调控需要等需较长时期或永久性关井停产,对这样的油水井状况实施的管理称为生产长期异常管理。

5. 答:(1) 抽油机井井口泄漏;(2) 计量间回油管线泄漏;(3) 注水井井口管线泄漏;(4) 电动螺杆泵井防反转机构失灵。

6. 答:设备管理的原则:(1) 坚持合理使用设备;(2) 坚决禁止异常操作。
设备管理的内容:(1) 井口装置维护保养;(2) 机采井动力设备维护保养;(3) 计量间阀组分离器维护保养。

7. 答:(1) 整理(SEIRI);(2) 整顿(SEITON);(3) 清扫(SEISO);(4) 清洁(SEIKETSU);(5) 素养(SHITSUKE)。

8. 答:现场标准化管理流程:现场发生问题→到达现场观察现象→找出问题根源→确认解决问题方式有效→找出新的标准化工作程序→确定以后不发生同样的问题。

9. 答:PDCA 四个阶段的工作循环:(1) 制定计划(P),包括确定方针、目标和活动计划等内容;(2) 执行(D),主要是组织力量去执行计划、保证计划的实施;(3) 检查(C),重点在于对计划执行情况的检查、分析;(4) 处理(A),主要是总结成功的经验和失败的教训,并把没有解决的问题转入下一个循环中去,从而完成一个圆满的改善循环。

10. 答:(1) 明显的自主性;(2) 广泛的群众性;(3) 高度的民主性;(4) 严密的科学性。

第九章 HSE 管理试题答案

一、单项选择题

1. C 2. C 3. A 4. B 5. B 6. D 7. C 8. D 9. D 10. D 11. B 12. B 13. D 14. A
15. B 16. C 17. B 18. D 19. C 20. A 21. C 22. D 23. C 24. C 25. C 26. D 27. A
28. B 29. A 30. B 31. D 32. B 33. B 34. B 35. B 36. B 37. A 38. D 39. B 40. C
41. A 42. A 43. B 44. D 45. B 46. C 47. B 48. A 49. C 50. C 51. B 52. C 53. D
54. C 55. D 56. C 57. D 58. A 59. C 60. B

二、多项选择题

1. ABD 2. ACD 3. BD 4. BCD 5. ABCD 6. AD 7. AC 8. ACD 9. ABD 10. ABC
11. ACD 12. ABCD 13. AC 14. AB 15. BCD 16. AB 17. ABC 18. ABCD 19. ABC
20. ABCD 21. AD 22. BC 23. BCD 24. AD 25. ACD 26. ABD 27. ABC 28. ACD
29. ABCD 30. ABD 31. ABC 32. AB 33. ABCD 34. ABC 35. ABD 36. AD 37. AC
38. ABCD 39. ABC 40. ABCD

三、判断题

1. × 1985 年，壳牌石油公司首次在石油勘探开发领域提出了强化安全管理（Enhance Safety Management）的构想和方法。 2. √ 3. × 1997 年，中国石油天然气总公司以 ISO/CD 14690—1996 草案标准等同转化，制订了行业标准《石油天然气行业健康、安全与环境管理体系》（SY/T 6276—1997），开始逐步推行 HSE 管理。 4. × 有感领导是指组织的各级领导通过以身作则的良好个人安全行为，使员工真正感知到安全的重要性，感受到领导做好安全的示范性，感悟到自身做好安全的必要性。 5. √ 6. √ 7. √ 8. × 制定工作标准是岗位职责落实效果的检验尺度，体现的是"只有规定动作、没有自选动作" 9. √ 10. × 机械完整性是指工艺设备投用后，在使用、维护、修理、检测、改造、更新、报废等各个环节中始终保持符合设计要求，功能完好，正常运行，发挥资产最大效用的管理过程。 11. × 投运前安全审查是保证工艺装置和设备本质安全，无缺陷投入服役的关键风险控制环节。 12. × 班组长对各类操作规程应带头开展每年一次的定期复核，实现操作规程的动态维护。 13. √ 14. × 基层班组可以采用图文并茂的表达方式，通过将与高危作业有关的各类事故分析给员工，加深员工对高危作业标准的理解，从而在"应知"的基础上，强调"应会"。 15. × 工作安全分析简称 JSA，是全员应掌握的一种安全工作技能，目的是规范作业危害分析，控制作业风险，确保作业人员健康和安全。 16. √ 17. × 口头工作安全分析是指在作业前，由作业人员按照工作安全分析步骤，对即将进行的作业活动进行现场口头交代的工作安全分析。 18. × 危害识别时应充分考虑人员、设备、材料、环境、方法五个方面以及正常、异常、紧急三种状态。 19. × 行为安全观察与沟通是通过对人的行为的观察，发现在行为、工作条件、作业环境等方面的优点，不安全行为和不安全状态的现象，通过有效沟通，及时肯定优点、纠正不安全行为和不安全状态的管理方式。

20. √ 21. × 基层班组的日常检查是由班组自行组织开展的，检查依据为安全管理各项标准，每次检查重点可以是某一个区域，也可以是某一项标准执行情况，通过组织日常检查，及时发现和消除装置存在的跑冒滴漏、低老坏等隐患。 22. × 基层班组由于受资金、生产等限制，部分隐患不可能从根源上完全消除。 23. √ 24. √ 25. √ 26. × 预案演练是对应急能力的一个综合检验，应定期组织由应急各方参加的预案模拟演练，使应急人员更清晰地明确各自的职责和工作程序，提高协同作战的能力，保证应急救援工作的协调性和有效、迅速地开展。 27. √ 28. √ 29. × 为指导和规范中国石油突发事件应急物资管理工作，进一步提高应对各类突发事件的应急物资保障能力，依照《中华人民共和国突发事件应对法》等法律法规，中国石油于2010年12月组织制订了《中国石油天然气集团公司突发事件应急物资储备管理办法》。 30. × 具有使用期限的应急物资，应该在到期前3个月或者6个月，申请调剂使用和补充。

四、简答题

1. 答：（1）注重领导承诺的理念；（2）体现以人为本的理念；（3）体现预防为主、事故是可以预防的理念；（4）贯穿持续改进可持续发展的理念；（5）体现全员参与的理念。

2. 答：（1）在术语方面，增加了"判别准则""健康损害""工作场所""有感领导""直线责任""属地管理"等6个术语和定义；（2）修改了部分术语的名称，"目标"改为"健康、安全与环境目标"，"管理方案"改为"方案"；（3）在要素方面，增加了"职业健康""清洁生产"两个要素，删除了"管理者代表"要素，与其他要素合并。

3. 答：（1）一是辨识、预测设备可能存在或产生的缺陷，并预测带来的危害与风险，予以及时消除、削减和控制；（2）二是能及时诊断、主动维修，追求设备服役周期内的高可靠度；（3）三是持续提升操作与检维修人员的技术素养，确保员工胜任设备动态管理过程中的危害辨识和风险控制；（4）四是在最广大的范围内，实现机械完整性信息的共享。

4. 答：不限于以下内容或情形：（1）无程序控制的作业；（2）偏离标准的作业；（3）需要实施的每项新的作业；（4）编制新的操作规程或变更操作规程；（5）编制施工方案或检修方案时应同步进行工作安全分析。

5. 答：（1）坚持"五全"工作法；（2）工艺安全分析；（3）工作安全分析；（4）行为安全观察与沟通；（5）日常检查、隐患排查。

6. 答：（1）引导全员讨论，宣扬应急管理的重要性；（2）应急预案（预构想）编制要"求真"；（3）确保预案的全面性；（4）全员参与，确保预案的有效性；（5）应急预案的动态管理。

7. 答：（1）应急预案是否完全覆盖生产作业过程；（2）应急预案是否涵盖了突发事件的各种可能场景；（3）现有应急预案是否科学合理、实用。

8. 答：（1）应急预案质量；（2）演练方案整体质量；（3）演练人员执行情况；（4）演练人员执行效率；（5）演练人员技能应用。

9. 答：（1）应急物资应科学储备和管理；（2）应急物资应按时保养和校验；（3）应急物资应及时补充；（4）协同管理提高资源利用率；（5）应急物资的使用要严格。

10. 答：（1）应急物资的储备实行按标准定量管理；（2）应急物资实行封闭式管理；（3）储备物资应分类存放，码放整齐，留有通道，严禁接触酸、碱、油渍、氧化剂和有机溶剂等；（4）应急物资应按照突发事件应急预案要求的种类、数量进行储备。

第十章　石油企业常用法律法规试题答案

一、单项选择题

1. D　2. C　3. A　4. A　5. B　6. D　7. B　8. C　9. A　10. A　11. A　12. B　13. C　14. B
15. A　16. A　17. D　18. D　19. C　20. B　21. D　22. C　23. C　24. A　25. D　26. B　27. D
28. C　29. A　30. D　31. C　32. B　33. D　34. B　35. C　36. A　37. D　38. C　39. A　40. B
41. B　42. D　43. C　44. C　45. D　46. A　47. C　48. B　49. D　50. C　51. C　52. C　53. B
54. D　55. D　56. A　57. A　58. B　59. D　60. C

二、多项选择题

1. BD　2. ACD　3. BCD　4. ABCD　5. ABD　6. BCD　7. ABCD　8. ACD　9. ABD　10. ABC
11. ABC　12. BCD　13. ABD　14. BC　15. ACD　16. ABCD　17. AC　18. ABCD　19. BC
20. ABD　21. AC　22. ABC　23. ABCD　24. ABCD　25. AC　26. ABD　27. ABCD　28. AB
29. AC　30. CD　31. AC　32. BC　33. ABCD　34. ABC　35. ACD　36. ABCD　37. ABCD
38. ABD　39. ABC　40. BCD

三、判断题

1. √　2. √　3. ×　人身自由又称身体自由，是指公民的人身不受非法侵犯的自由，是以人身保障为核心的权利体系，是公民参加政治生活和社会生活的基础。　4. ×　公民财产权，即公民个人通过劳动或其他合法方式取得财产和享有占有、使用、收益、处分财产的权利。　5. √　6. √　7. √　8. √　9. ×　劳动合同部分无效，虽影响其他部分效力，但其他部分仍然有效。　10. ×　经济补偿按劳动者在本单位工作的年限，每满一年支付一个月工资的标准向劳动者支付。六个月以上不满一年的，按一年计算；不满六个月的，向劳动者支付半个月工资的经济补偿。　11. √　12. ×　注册安全工程师按专业分类管理，授权国务院有关部门制定具体实施办法。　13. ×　2014年4月24日第十二届全国人民代表大会常务委员会第八次会议对《环境保护法》进行修订，2015年1月1日起正式实施。　14. ×　"三同时"制度，是我国环境保护工作的一项创举，它是指新建、扩建、改建项目和技术改造项目的防治污染及其他公害的设施，必须与主体工程同时设计、同时施工、同时投产，它是我国严格控制产生新污染源的一项重要的环境管理制度。　15. ×　各地可根据本地区实际情况，确定环境保护目标责任制的考核指标和方法。　16. √　17. ×　侵害石油企业利益的违法犯罪行为，比一般的违法犯罪行为危害性要大得多，危害后果更为严重。　18. √　19. √　20. √　21. ×　事故发生单位有拒绝接受调查或者拒绝提供有关情况和资料的行为的，处100万元以上200万元以下的罚款。　22. √　23. ×　利用工作上的便利，是指行为人与非法占有的财物之间并无职责上管理与支配的权限，仅仅是因为在工作中形成的机会或偶然情况接触到他人管理、经手的财物，或因工作关系熟悉周围环境等，对非法占有财物形成了便利条件。　24. √　25. ×　石油企业要想规避地方政府有关部门及工作人员的不当干预，切实维护好自身合法权益，就需妥善处理好与外部的关系。 26. √ 27. × 行政调解，是在当事人自愿基础上，在政府有关部门协助下，以调解方式解决争议的一种形式。它既不同于仲裁机构的仲裁，也不是一种行政处理办法。 28. √ 29. × 生产经营单位对重大危险源未登记建档，或者未进行评估、监控，或者未制定应急预案的是安全违法行为。 30. √

四、简答题

1. 答：（1）平等权；（2）政治权利和自由；（3）宗教信仰自由；（4）人身自由；（5）监督权和取得赔偿请求权；（6）社会经济权；（7）公民的教育、科学、文化权利和自由；（8）特定主体的权利保护；（9）保护华侨、归侨和侨眷的正当利益。

2. 答：（1）公民有言论、出版、集会、结社、游行、示威的自由；（2）年满18周岁的公民，不分民族、种族、性别、职业、家庭出身、宗教信仰、教育程度、财产状况、居住期限，除依照法律被剥夺政治权利的人以外，都有选举权和被选举权；（3）公民对于任何国家机关和国家工作人员有提出批评和建议的权利，对于任何国家机关和国家机关工作人员的违法失职行为有向有关国家机关提出申诉、控告或者检举的权利等。

3. 答：（1）平等就业的权利；（2）选择职业的权利；（3）取得劳动报酬的权利；（4）获得劳动安全卫生保护的权利；（5）休息、休假的权利；（6）享受社会保险和福利的权利；（7）接受职业技能培训的权利；（8）提请劳动争议处理的权利；（9）法律规定的其他权利。

4. 答：（1）劳动者患病或者非因工负伤，在规定的医疗期满后不能从事原工作，也不能从事用人单位另行安排的工作的；（2）劳动者不能胜任工作，经过培训或者调整工作岗位，仍不能胜任工作的；（3）劳动合同订立时所依据的客观情况发生重大变化，致使劳动合同无法履行，经用人单位与劳动者协商，未能就变更劳动合同内容达成协议的。

5. 答：（1）劳动合同期满的；（2）劳动者开始依法享受基本养老保险待遇的；（3）劳动者死亡，或者被人民法院宣告死亡或者宣告失踪的；（4）用人单位被依法宣告破产的；（5）用人单位被吊销营业执照、责令关闭、撤销或者用人单位决定提前解散的；（6）法律、行政法规规定的其他情形。

6. 答：（1）《环境保护按日连续处罚暂行办法》；（2）《实施环境保护查封、扣押暂行办法》；（3）《环境保护限制生产、停产整治暂行办法》；（4）《企业事业单位环境信息公开暂行办法》。

7. 答：（1）环境资源影响评价制度；（2）"三同时"制度；（3）排污收费制度；（4）环境保护目标责任制度；（5）城市环境综合整治定量考核制度；（6）排污许可证制度；（7）污染集中控制制度；（8）污染限期治理制度。

8. 答：（1）行为主体的多样性；（2）行为方式的隐蔽性；（3）作案时间的连续性；（4）危害后果的严重性。

9. 答：（1）迟报，是指报告事故的时间超过规定的时限；（2）谎报，是指故意不如实报告事故发生的时间、地点、初步原因、性质、伤亡人数和涉险人数、直接经济损失等有关内容的；（3）漏报，是指因过失对应当上报的事故或者事故发生的时间、地点、类别、伤亡人数、直接经济损失等内容遗漏未报的；（4）瞒报，是指隐瞒已经发生的事故，超过规定时限未向安全监管监察部门和有关部门报告，经查证属实的。

10. 答：(1) 要寻找机会向队（站）作业区等有关单位汇报。(2) 保护现场，如果与哄抢人群对峙，要寻找首要分子，以便公安机关到来后抓获首要分子；若条件许可，可将首要分子控制起来或直接扭送公安机关。(3) 要向哄抢群众宣传法律，正告首要分子悬崖勒马，立即停止犯罪行为。(4) 充分运用视听工具，现场拍摄或录音，搜集现场人证、物证，注意获取与犯罪行为有关的一切证据材料，为下一步惩治首要分子提供条件。(5) 配合公安机关，抓获首要分子或积极参与人，依法惩治犯罪分子。